PARENTALIDADE
SÓCIO-AFECTIVA:
PORTUGAL E BRASIL

Colecção SPEED (Seminário Permanente Sobre o Estado e o Estudo do Direito)
Coordenadores: HELENA PEREIRA DE MELO,
FRANCISCO BORGES
HELENA GUIMARÃES

Vol. 2

SUSANA ALMEIDA
ZAMIRA DE ASSIS

PARENTALIDADE SÓCIO-AFECTIVA: PORTUGAL E BRASIL

PARENTALIDADE SÓCIO-AFECTIVA: PORTUGAL E BRASIL

AUTORAS
SUSANA ALMEIDA
ZAMIRA DE ASSIS
EDITOR
EDIÇÕES ALMEDINA, S.A.
Rua Fernandes Tomás n°s 76, 78, 80
3000-167 Coimbra
Tel.: 239 851 904 · Fax: 239 851 901
www.almedina.net · editora@almedina.net
DESIGN DE CAPA
FBA.
PRÉ-IMPRESSÃO
EDIÇÕES ALMEDINA, S.A.
IMPRESSÃO E ACABAMENTO
PAPELMUNDE, SMG, LDA.
V. N. de Famalicão

Abril, 2012
DEPÓSITO LEGAL
343087/12

Apesar do cuidado e rigor colocados na elaboração da presente obra, devem os diplomas legais dela constantes ser sempre objecto de confirmação com as publicações oficiais.
Toda a reprodução desta obra, por fotocópia ou outro qualquer processo, sem prévia autorização escrita do Editor, é ilícita e passível de procedimento judicial contra o infractor.

BIBLIOTECA NACIONAL DE PORTUGAL – CATALOGAÇÃO NA PUBLICAÇÃO
ALMEIDA, Susana, e outro
Parentalidade sócio-afectiva : Portugal
e Brasil / Susana Almeida, Zamira de
Assis. – (Speed ; 2)
ISBN 978-972-40-4539-9
I – ASSIS, Zamira de
CDU 347

ÍNDICE

PREFÁCIO: HELENA PEREIRA DE MELO 9

A PARENTALIDADE SÓCIO-AFECTIVA E A PONDE-
RAÇÃO ENTRE O "CRITÉRIO SÓCIO-AFECTIVO"
E O "CRITÉRIO BIOLÓGICO" NO TRIBUNAL DE
ESTRASBURGO, *Susana Almeida* 11

1. CONSIDERAÇÕES INTRODUTÓRIAS 12

2. A FILIAÇÃO E A EMERGÊNCIA DO PRINCÍPIO DA NÃO DIS-
   CRIMINAÇÃO DOS FILHOS NASCIDOS FORA DO CASAMENTO
   NO ORDENAMENTO JURÍDICO PORTUGUÊS E NO CON-
   TEXTO DO CONSELHO DA EUROPA 15

3. O RECONHECIMENTO DA IMPORTÂNCIA DOS AFECTOS NO
   DIREITO DA FAMÍLIA PORTUGUÊS E NA JURISPRUDÊNCIA
   DO TRIBUNAL EUROPEU DOS DIREITOS DO HOMEM 26

4. O CRITÉRIO SÓCIO-AFECTIVO COMO CRITÉRIO DE VIN-
   CULAÇÃO FAMILIAR 36

   4.1. *O estabelecimento da filiação "sócio-afec-
        tiva" e a "desbiologização da paternidade":
        uma construção brasileira* 36
   4.2. *O conceito de "posse de estado"* 42
   4.3. *Um breve comentário sobre a "adopção à
        brasileira"* 47

4.4. **Algumas notas sobre os princípios estrasburgueses de estabelecimento da filiação: um equilíbrio entre a "verdade biológica" e a "verdade sociológica"** 50

5. A PARENTALIDADE SÓCIO-AFECTIVA NO SEIO DAS FAMÍLIAS RECOMBINADAS OU PLURIPARENTAIS 57

    5.1. *A prevalência da parentalidade sócio-afectiva sobre a parentalidade biológica na jurisprudência estrasburguesa* 57

    5.2. *Relance sobre o contexto português* 62

6. A COLOCAÇÃO DA QUESTÃO NO ÂMBITO DA FAMÍLIA INTEGRADA POR TRANSEXUAL E DA FAMÍLIA HOMOSSEXUAL: A POSIÇÃO DO TRIBUNAL EUROPEU 63

7. CONCLUSÕES 73

BIBLIOGRAFIA 79

"FILIAÇÃO E PATERNIDADE SÓCIO-AFETIVA UM ESTUDO COMPARATIVO BRASIL-PORTUGAL. COLOCAÇÃO DO PROBLEMA NO ORDENAMENTO JURÍDICO BRASILEIRO", *Zamira de Assis* 85

INTRODUÇÃO 86

PARTE 1 – PASSADO – FILIAÇÃO NOS TEXTOS DAS LEIS ... 92

    1.1. *Ordenações Filipinas* 92

    1.2. *Código Civil Português de 1866 e Código Civil dos Estados Unidos do Brasil de 1916* 96

    1.3. *Família e Filiação nas Constituições Brasileiras anteriores a 1988* 103

    1.4. *Código Brasileiro do século XXI* 106

PARTE II – Filiação no Contexto Social do Século
XXI 108

2.1. **A Constituição Federal de 1988 e o novo paradigma da Família** 108
2.2. **Posse do Estado de Filho e a sócio-afetividade** 113
2.3. **A Posse do Estado de Filho nos Tribunais Brasileiros** 119
    2.3.1. *"Adoção Póstuma": ser "criado como filho" e sócio-afetividade* 119
    2.3.2. *"Adoção à Brasileira"* 123

3. Multiparentalidade x direito de desvendar a origem genética 134

3.1. **Multiparentalidade – direito da personalidade sem vínculo de filiação** 137
3.2. **Multiparentalidade – direito da personalidade com vínculo de filiação** 139

4. Afetividade e Sócio-afetividade (a guisa de conclusão) 142

Referências 147

PREFÁCIO

Os textos que se publicam neste segundo volume da Colecção SPEED (acrónimo de Seminário Permanente sobre o Estudo e o Estado do Direito) correspondem à versão actualizada das palestras feitas pelas suas Autoras no âmbito deste Seminário, em 22 de Maio de 2011, na Faculdade de Direito da Universidade Nova de Lisboa.

Ambas são Académicas: a Doutora Susana Almeida em Portugal, na Escola Superior de Tecnologia e Gestão do Instituto Politécnico de Leiria e a Doutora Zamira de Assis na Pontifícia Universidade Católica de Minas Gerais, em Belo Horizonte, no Brasil.

Nos textos que agora publicamos, oferecem-nos a perspectiva do Direito nas duas margens do Atlântico, no que concerne a um problema fundamental: o da parentalidade sócio-afectiva. Pai é quem fornece uma célula, indispensável ao aparecimento de um novo ser humano, ou é quem o cria, quem lhe dá ternura e amor? Deve o Direito apenas tutelar a "verdade biológica" quando estabelece os efeitos jurídicos da filiação ou deve atender, também e sobretudo, à "verdade sociológica", pautando-se essencialmente por um critério sócio-afectivo?

Face ao aparecimento, nestes últimos vinte anos, de novas formas de família associadas a novas formas de parentalidade, o discurso jurídico não pode ignorá-las, uma vez que reclamam a sua tutela. Nas famílias ditas "recombinadas" ou "pluriparentais" resultantes das sucessivas opções de vida dos progenitores, nas famílias "homossexuais" ou em que um dos membros é transexual, colocam-se novas e importantes questões de protecção dos direitos fundamentais dos seus membros, de que o Direito em geral e, em particular, o legislador, não se podem alhear.

Na medida em que reflectem uma análise e reflexão cuidadosas destas questões, os textos contidos neste livro apresentam inegável interesse para quem queira estudar, no plano ético-jurídico, as matérias de que tratam.

HELENA PEREIRA DE MELO
Lisboa, Novembro de 2011

A PARENTALIDADE SÓCIO-AFECTIVA E A PONDERAÇÃO ENTRE O "CRITÉRIO SÓCIO-AFECTIVO" E O "CRITÉRIO BIOLÓGICO" NO TRIBUNAL DE ESTRASBURGO

Susana Almeida[1]

SUMÁRIO: 1. Considerações introdutórias. 2. A filiação e a emergência do princípio da não discriminação dos filhos nascidos fora do casamento no ordenamento jurídico português e no contexto do Conselho da Europa. 3. O reconhecimento da importância dos afectos no Direito da Família Português e na jurisprudência do Tribunal Europeu dos Direitos do Homem. 4. O "critério sócio-afectivo" como critério de vinculação familiar. 4.1. O estabelecimento da filiação "sócio-afectiva" e a "desbiologização da paternidade": uma construção brasileira. 4.2. O conceito de "posse de estado". 4.3. Um breve comentário sobre a "adopção à brasileira" 4.4. Algumas notas sobre os princípios estrasburgueses de estabelecimento da filiação: um equilíbrio entre a "verdade biológica" e a "verdade sociológica". 5. A parentalidade sócio-afectiva no seio das famílias recombinadas ou pluriparentais. 5.1. A prevalência da parentalidade sócio-afectiva sobre a parentalidade biológica na jurisprudência estrasburguesa. 5.2. Relance sobre o contexto português. 6. A

---

[1] Docente da Escola Superior de Tecnologia e Gestão do Instituto Politécnico de Leiria, Mestre em Ciências Jurídico-Civilísticas pela Faculdade de Direito da Universidade de Coimbra, Bolseira de Investigação da Fundação para a Ciência e Tecnologia e Doutoranda da Faculdade de Direito da Universidade de Salamanca.

colocação da questão no âmbito da família integrada por transexual e da família homossexual: a posição do Tribunal Europeu. 7. Conclusões.

PALAVRAS-CHAVE: filiação; sócio-afectividade; jurisprudência; direitos humanos; estabelecimento da filiação; famílias pluriparentais ou recombinadas; transexualidade; homossexualidade.

> *"Não é a carne nem o sangue, é o coração que nos faz pais e filhos"*
> FRIEDRICH SCHILLER

1. Considerações introdutórias

As normas de Direito da Família apresentam um substrato particularmente vulnerável às mutações sócio-culturais: a família. As reformas legais espelham, neste domínio, as transformações sociais, culturais e económicas que se fazem sentir nos diversos quadrantes da vida familiar, mas não raras vezes antecipam-se e, com uma finalidade pedagógica[2], impulsionam a evolução dos costumes sociais.

A eliminação das diferenças de trato no que tange à filiação e a emergência da figura da "parentalidade sócio-

---

[2] Cfr. FRANCISCO PEREIRA COELHO e GUILHERME DE OLIVEIRA, *Curso de Direito da Família*, vol. I, *Introdução e Direito Matrimonial*, Coimbra, Coimbra Editora, 2003, p. 190, por referência à Reforma do Código Civil Português de 1977 e explicando que, nalguns aspectos, a predita Reforma legal "adiantou-se aos costumes sociais, pretendendo actuar *pedagogicamente* sobre eles".

afectiva" no seio jurídico-familiar são um claro sinal das mudanças culturais e de costumes a que a realidade familiar tão propensamente se presta.

E se o princípio da não discriminação dos filhos nascidos fora do matrimónio foi sendo positivado nas ordens jurídicas europeias e ocidentais a partir dos anos 60 do séc. XX – inclusivamente com o predito escopo pedagógico –, a figura da "parentalidade sócio-afectiva" faz agora a sua tímida aparição jurídica nalgumas latitudes, como veremos.

Não obstante, o carácter "biologista" do nosso Direito da Filiação tem sido um obstáculo ao reconhecimento normativo ou jurisprudencial da importância que a sócio-afectividade familiar poderá ter na realização do tão proclamado "superior interesse da criança"[3]. Esta reticência em relevar juridicamente a sócio-afectividade no seio familiar funda-se, pois, na – quase cega – obediência do nosso ordenamento jurídico ao paradigma biológico e compreende-se que assim seja, na medida em que foi este carácter "biologista" que permitiu a eliminação da desigualdade de trato entre as várias categorias de filhos existente antes da Reforma do nosso Código Civil[4] de 1977. Com efeito, como escreve Guilherme de Oliveira, "foi este pendor 'biologista', confortado pela crescente praticabilidade que lhe foi emprestada pelos progressos laboratoriais, que permitiu

---

[3] Veja o art. 3.º da Convenção sobre os Direitos da Criança, adoptada pela Assembleia Geral das Nações Unidas a 20 de Novembro de 1989 e ratificada por Portugal a 21 de Setembro de 1990.

[4] De ora em diante designado abreviadamente CC.

eliminar um sistema que parecia rígido, desigualitário, e injusto"[5]. Assim se compreende que os países europeus, que ergueram o princípio da não discriminação no domínio da filiação sobre os dados objectivos da Biologia, venham agora afastá-la e ceder espaço ao critério da sócio-afectividade como critério de vinculação familiar, ainda que se verifique, no plano dos costumes sociais, uma crescente afirmação dos afectos nas relações inter-individuais.

No presente trabalho, não é nossa intenção destronar o paradigma biológico tão fortemente arraigado no Direito da Família Português. Sem embargo, propomos dar conta e comentar algumas das propostas aventadas pela doutrina e jurisprudência brasileiras sobre a sócio-afectividade familiar, realizar um paralelo com o ordenamento jurídico português e, bem assim, enunciar os princípios jurídico-familiares de rosto europeu que sobre o tema podemos extrair da jurisprudência do Tribunal Europeu dos Direitos do Homem[6], com o fito de averiguar se poderemos importar alguma destas construções por forma a temperar o nosso sistema "biologista" e adequá-lo à família "de afecto e de cuidados"[7] trazida ao cenário social do séc. XXI.

---

[5] Cfr. GUILHERME DE OLIVEIRA, "O sangue, os afectos e a imitação da Natureza", in: *Lex familiae – Revista Portuguesa de Direito da Família*, n.º 10, 2008, p. 12.

[6] Órgão, doravante, designado abreviadamente por Tribunal, Tribunal de Estrasburgo ou TEDH, cujas decisões podem ser consultadas no respectivo endereço electrónico oficial (http://www.echr.coe.int/).

[7] Como bem caracteriza RITA LOBO XAVIER, "Responsabilidades parentais no séc. XXI", in: *Lex familiae – Revista Portuguesa de Direito da Família*, n.º 10, 2008, p. 18.

2. A filiação e a emergência do princípio da não discriminação dos filhos nascidos fora do casamento no ordenamento jurídico português e no contexto do Conselho da Europa

Os ecos da igualdade, democracia e liberdade, provindos da Revolução francesa de 1789, não se fazem ouvir no modelo familiar europeu burguês do séc. XIX. A concepção de família que divisamos nesta época é a de família nuclear, patriarcal e institucionalizada, que, apesar de fundada num casamento "por amor", se encontrava submetida a "códigos sociais externos", comuns à burguesia industrial instante[8]. Neste modelo familiar burguês, autoritário e hierárquico, defende-se a estabilidade da família e a indissolubilidade matrimonial, atribui-se desigual estatuto aos cônjuges – o homem é o "chefe de família", administrador do património e representante legal da mulher e dos filhos, que àquele se subordinam, e a mulher está confinada ao lar e às tarefas maternais e domésticas –, condena-se a vida sexual fora dos vínculos matrimoniais, proíbe-se a investigação da paternidade e persegue-se a unicidade patrimonial. Estes códigos conservadores e impregnados de elementos patriarcais transformam a famí-

---

[8] Cfr. GUILHERME DE OLIVEIRA, "«Queremos amar-nos e não sabemos como!»", in: *Temas de Direito da Família*, Coimbra, Coimbra Editora, 2001, p. 334; PEREIRA COELHO e GUILHERME DE OLIVEIRA, *Curso de Direito da Família*, vol. I..., cit., p. 148; GUILHERME DE OLIVEIRA, "Transformações do Direito da Família", in: *Comemorações dos 35 anos do Código Civil e dos 25 anos da Reforma de 1977*, vol. I, Coimbra, Coimbra Editora, 2004, p. 764.

lia no "recinto hierárquico, repressivo e discriminatório"[9] que permite assegurar a ordem liberal da burguesia e a conservação das suas conquistas – o património familiar – e que resistirá até à primeira metade do séc. XX[10]. Este modelo familiar apenas se esvanece do palco social nos anos 60 do séc. XX, altura em que se verifica a apelidada "desinstitucionalização" da vida familiar ou democratização da família. Efectivamente, no período pós-industrial e pós-guerra assistimos, nas sociedades ocidentais, à afirmação de ideais democráticos no seio familiar e à proclamação dos princípios da igualdade e da dignidade da pessoa humana nas respectivas cartas constitucionais. O triunfo destes valores no quadro familiar impõe o respeito pela individualidade de cada membro da família, liberta a mulher do estatuto desigual que a agrilhoava e afirma a autonomia e responsabilidade dos indivíduos sobre a sua vida sexual, afectiva e familiar[11]. O casamento passa a ser perspectivado como lugar íntimo de "solidariedade afectiva" e de realização pessoal, e não como laço institucional submetido a "códigos sociais externos"[12]. Verifica-se uma

---

[9] Cfr. MARIANO ALONSO PÉREZ, "La familia entre el pasado y la modernidad. Reflexiones a la luz del Derecho Civil", in: *Actualidad Civil*, 1998-I, p. 14.

[10] Para mais detalhes sobre este modelo familiar europeu, consulte-se MARIANO ALONSO PÉREZ, "La familia entre el pasado…", cit., pp. 12 e ss.

[11] Cfr. SUSANA ALMEIDA, *O respeito pela vida (privada e) familiar na jurisprudência do Tribunal Europeu dos Direitos do Homem: a tutela das novas formas de família*, Coimbra, Coimbra Editora, 2008, pp. 156 e 157.

[12] Cfr. PEREIRA COELHO e GUILHERME DE OLIVEIRA, *Curso de Direito da Família*, vol. I…, cit., p. 149; GUILHERME DE OLIVEIRA, "Transformações …", cit., pp. 764 e 765.

responsabilização do homem pela sexualidade fora do casamento e eliminam-se progressivamente as previsões legais discriminatórias dos filhos nascidos fora do matrimónio. Esta mutação do quadro de valores originou múltiplas e profundas alterações sócio-demográficas e legislativas no domínio familiar ocidental e a herança que nos deixou foi uma "família desinstitucionalizada", enquanto lugar de igualdade, de realização pessoal e alicerçada no afecto.

Em Portugal, o *Código Civil de 1966*, inspirado pela ideologia fascista, manteve um modelo familiar desigualitário, autoritário e conservador. A ruptura destes padrões familiares apenas se verifica após a Revolução de 1974, que ditou a queda do regime ditatorial existente. Neste novo ambiente político, é aprovada a *Constituição da República Portuguesa de 1976*, que vem consagrar um conjunto de novos princípios em matéria de família, casamento e filiação no seu art. 36.º, mormente o princípio da igualdade de direitos e deveres entre os cônjuges (n.º 3) e o princípio da não discriminação dos filhos nascidos fora do casamento (n.º 4). Estes novos imperativos da Lei Fundamental conduziram, então, à *Reforma de 1977 do Código Civil de 1966*, realizada pelo Decreto-Lei n.º 496/77, de 25 de Novembro, que, no que tange ao direito da filiação, atribuiu o estatuto de "legítimos" a todos os filhos nascidos dentro e fora do matrimónio[13] e

---

[13] E assim se suprimem as várias categorias de filhos: legítimos, ilegítimos simples, ilegítimos adulterinos e ilegítimos incestuosos.

Refira-se, a propósito, que, nos termos do art. 123.º, n.º 2, do Código de Registo Civil, as menções discriminatórias da filiação consentidas pela lei anterior podem ser eliminadas mediante feitura de um novo assento de nascimento.

eliminou as injustas discriminações existentes em matéria de constituição e efeitos de filiação.

O título do Código Civil referente à filiação foi, aliás, o mais profundamente alterado[14] e o princípio da coincidência entre a verdade jurídica e a verdade biológica parece ser o fio condutor de reforma atinente ao estabelecimento da filiação[15].

Relativamente à mãe, o estabelecimento da filiação passa a resultar do facto biológico do nascimento, quer a mãe seja casada, quer não casada (art. 1796.º, n.º 1). Elimina-se, pois, a anterior distinção entre o estabelecimento da maternidade das mulheres casadas – resultante do facto biológico do parto – e o estabelecimento da maternidade das mulheres não casadas – realizado por acto jurídico autónomo de perfilhação pela mãe – e constitui-se um regime unitário "biologista" não diferenciador do estado civil da mãe, assente, portanto, no princípio da declaração de maternidade no registo do nascimento[16].

---

[14] Cfr. ISABEL MAGALHÃES COLAÇO, "A Reforma de 1977 do Código Civil de 1966. Um olhar vinte e cinco anos depois", in: *Comemorações dos 35 anos do Código Civil e dos 25 anos da Reforma de 1977*, vol. I, Coimbra, Coimbra Editora, 2004, p. 31.

[15] Saliente-se, como refere Isabel Magalhães Colaço, que à luz dos novos princípios esculpidos na Constituição "outras opções seriam defensáveis, designadamente a que dá prevalência a uma filiação sociológica, com sacrifício da verdade biológica". Cfr. ISABEL MAGALHÃES COLAÇO, "A Reforma de 1977...", *cit.*, p. 34.

[16] Para algumas notas sobre esta alteração, consulte-se GUILHERME DE OLIVEIRA, *Estabelecimento da filiação*, Coimbra, Almedina, 2003, pp. 7 e ss.; FRANCISCO PEREIRA COELHO e GUILHERME DE OLIVEIRA, *Curso de Direito da Família*, vol. II, Tomo I, Coimbra, Coimbra Editora, 2006, pp. 58 e ss.

Também a acção de impugnação da maternidade foi talhada à luz do princípio da coincidência entre a verdade jurídica e a verdade biológica, na medida em que é imprescritível – sobrepondo-se a verdade biológica às exigências de segurança e estabilidade das relações familiares existentes – e pode ser accionada por iniciativa do Ministério Público, da pessoa declarada como mãe – aqui ressaltando igualmente a importância da verdade biológica que prevalece sobre o interesse de proibir que a falsa mãe "venha contra facto próprio" –, do registado e de "quem tiver interesse moral ou patrimonial na procedência da acção" (art. 1807.°).

Relativamente ao pai, consagrou-se a presunção *pater is est quem nuptiae demonstrant* (art. 1826.°), podendo a mulher casada indicar no registo que o seu filho não é do marido (art. 1832.°, n.° 1), e admitiu-se o sistema da livre prova na investigação da paternidade (art. 1801.°), com a correspectiva eliminação dos pressupostos ou condições de admissibilidade da acção de investigação anteriormente existentes (art. 1871.°).

No âmbito do Direito Sucessório, o novo princípio constitucional traçado no n.° 4 do art. 36.° da Lei Fundamental impôs a supressão da discriminação entre filiação "legítima" e filiação "ilegítima", designadamente as soluções que excluíam os parentes "ilegítimos" pelos "legítimos", na sucessão de irmãos e seus descendentes (2144.°, na redacção do Código Civil anterior à Reforma) e de outros colaterais (art. 2150.°, na antiga redacção), e que favorecia na partilha os "legítimos" em concurso com os "ilegítimos", na sucessão de descendentes (arts.

2139.º, n.º 2, e 2140.º, n.º 2, na redacção anterior à Reforma)[17].

Movendo-nos agora para o contexto do Conselho da Europa, poderemos assinalar que também o Tribunal Europeu dos Direitos do Homem, lançando mão da aplicação conjunta ora dos arts. 8.º[18] e 14.º[19] da Convenção

---

[17] Cfr. ANTUNES VARELA, *Direito da Família*, 1.º vol., Lisboa, Livraria Petrony, Lda., 1999, p. 36, nota 2; PEREIRA COELHO e GUILHERME DE OLIVEIRA, *Curso de Direito da Família*, vol. I..., cit., p. 174.
Para mais desenvolvimentos sobre as alterações introduzidas no Código Civil de 1966 pela Reforma de 1977, na sequência da consagração destes novos princípios constitucionais, ver ISABEL MAGALHÃES COLAÇO, "A Reforma de 1977...", *cit.*, pp. 31 e ss.; HEINRICH EWALD HÖRSTER, "Evoluções legislativas no Direito da Família depois da Reforma de 1977", in: *Comemorações dos 35 anos do Código Civil e dos 25 anos da Reforma de 1977*, vol. I, Coimbra, Coimbra Editora, 2004, pp. 61 e ss.

[18] Preceito convencional consagrador do direito ao respeito pela vida privada e familiar, que apresenta a seguinte redacção: "1. Qualquer pessoa tem direito ao respeito da sua vida privada e familiar, do seu domicílio e da sua correspondência. 2. Não haverá ingerência da autoridade pública no exercício deste direito, salvo na medida em que tal ingerência estiver prevista na lei e constituir uma medida que, numa sociedade democrática, seja necessária à segurança nacional, à segurança pública, ao bem-estar económico do país, à defesa da ordem e à prevenção das infracções penais, à protecção da saúde ou da moral, ou à protecção dos direitos e das liberdades de terceiros".

[19] Assento convencional da cláusula de não discriminação, que estatui que "[o] gozo dos direitos e liberdades reconhecidos na presente Convenção deve ser assegurado sem quaisquer distinções, tais como as fundadas no sexo, raça, cor, língua, religião, opiniões políticas ou outras, a origem nacional ou social, a pertença a uma minoria nacional, a riqueza, o nascimento ou qualquer outra situação".

Europeia dos Direitos do Homem[20], ora dos arts. 14.º da Convenção e 1.º do Protocolo Adicional n.º 1[21], procurou erradicar dos ordenamentos internos dos Estados contratantes as leis nacionais consagradoras de diferenças de tratamento em função do nascimento, não consonantes com os princípios da igualdade e dignidade da pessoa humana por que se pautaram os redactores daquele Tratado. Os direitos internos dos Estados com assento no Conselho da Europa já vinham caminhando no sentido da igualdade, inspirados nos princípios vertidos na Convenção de Roma e na Convenção europeia sobre o estatuto jurídico das crianças nascidas fora do casamento[22], pelo que a interpretação dinâmica da Convenção, perspectivada como um instrumento vivo que deve ser interpretado e aplicado à luz das concepções actualmente existentes no espaço europeu[23], só poderia acelerar esse mesmo movimento de eliminação das diferenças.

---

[20] Diploma, daqui em diante, designado abreviadamente por Convenção, Convenção de Roma ou CEDH.

[21] Norma protectora da propriedade, que estabelece que "[q]ualquer pessoa singular ou colectiva tem o direito ao respeito dos seus bens. Ninguém pode ser privado do que é sua propriedade a não ser por utilidade pública e nas condições previstas pela lei e pelos princípios gerais de direito internacional. (…)".

[22] A Convenção europeia sobre o estatuto jurídico das crianças nascidas fora do casamento foi aberta para assinatura em 15 de Outubro de 1975 e está em vigor na ordem internacional desde 11 de Agosto de 1978, tendo sido ratificada por Portugal no dia 7 de Maio de 1982.

[23] Cfr., *inter alia*, Acórdãos Tyrer c. Reino Unido, de 25 de Abril de 1978, A 26, § 31; Marckx c. Bélgica, de 13 de Junho de 1979, A 31, § 41; Johnston e Outros c. Irlanda, de 18 de Dezembro de 1986, A 112, § 53.

Neste seguimento, uma breve incursão na jurisprudência estrasburguesa sobre o tema permite-nos concluir que, apesar de a protecção da família tradicional constituir, na opinião do Tribunal Europeu, um fim legítimo[24], a diferença de trato fundada no nascimento fora do casamento, considerando a evolução sócio-cultural verificada neste domínio e a existência de um denominador comum entre os ordenamentos jurídicos dos Estados contratantes[25], afigura-se àquele órgão convencional como um meio desproporcional[26] e, portanto, contrário à Convenção.

E assim se foi erigindo, no seio do *corpus* jurisprudencial estrasburguês, o *princípio da igualdade entre filhos nascidos na constância do casamento e filhos nascidos fora do matrimónio*.

No *Acórdão Johnston c. Irlanda, de 18 de Dezembro de 1986*, concernente às consequências que a instante impossibilidade de obter divórcio produzia no estatuto jurídico dos filhos nascidos de união posterior, o Tribunal de Estrasburgo retirou do art. 8.º – o preceito convencional consagrador do direito ao respeito pela vida privada e familiar – a obrigação positiva de colocar as crianças "ilegítimas" "em semelhante posição jurídica e social reconhecida às crianças legítimas" e de eliminar as dife-

---

[24] Cfr., *inter alia*, Acórdãos Marckx c. Bélgica, de 13 de Junho de 1979, A 31, § 40; Mazurek c. França, de 1 de Fevereiro de 2000, R00-II, § 50.

[25] Cfr., *inter alia*, Acórdãos Marckx c. Bélgica, de 13 de Junho de 1979, A 31, § 41; Inze c. Áustria, de 28 de Outubro de 1987, A 126, § 41; Mazurek c. França, de 1 de Fevereiro de 2000, R00-II, § 52.

[26] Cfr., *inter alia*, Acórdãos Mazurek c. França, de 1 de Fevereiro de 2000, R00-II, § 55; Merger e Cros c. França, de 22 de Dezembro de 2004, § 33.

renças de tratamento fundadas no nascimento ínsitas nas leis nacionais[27].

Sobre o tema do estabelecimento da filiação, a instância convencional sustentou, no *Acórdão Marckx c. Bélgica, de 13 de Junho de 1979*, atinente à necessidade, para estabelecimento da maternidade, de reconhecimento formal pela mãe solteira e à discriminação sucessória dos filhos "ilegítimos", que o respeito pela vida familiar fazia pender sobre o Estado membro a obrigação positiva de criar um mecanismo legal que permitisse a integração das crianças na família desde o momento do nascimento e em virtude desse mesmo facto, com o reconhecimento jurídico do princípio *mater semper certa est*[28]. No que tange à filiação paterna, o Tribunal Europeu sublinhou igualmente, nos casos Johnston, Keegan e Kroon, que sobre os Estados contratantes recai a obrigação de criar mecanismos jurídicos que permitam integrar a criança na família desde o momento do nascimento ou o mais rapidamente possível[29].

O imperativo de igualdade foi igualmente transferido pelo Tribunal Europeu para o campo dos direitos patrimoniais das crianças nascidas dentro e fora do casamento. Deste modo, o princípio da igualdade entre filhos nascidos

---

[27] Cfr. Acórdão Johnston c. Irlanda, de 18 de Dezembro de 1986, A 112, § 74.

[28] Cfr. Acórdão Marckx c. Bélgica, de 13 de Junho de 1979, A 31, §§ 31 e 35-43.

[29] Cfr. Acórdãos Johnston e Outros c. Irlanda, de 18 de Dezembro de 1986, A 112, § 72; Keegan c. Irlanda, de 26 de Maio de 1994, A 290, § 50; Kroon e Outros c. Holanda, de 27 de Outubro de 1994, A 297-C, § 32.

dentro e fora do matrimónio obriga, na óptica desta instância, a que lhes sejam reconhecidos direitos sucessórios, não só relativamente aos pais, como sucedeu no caso *Marckx c. Bélgica, de 13 de Junho de 1979* (sobre a diferença de trato entre uma mãe casada e uma mãe solteira relativamente ao direito de dispor dos seus bens *inter vivos* e *mortis causa* a favor da sua filha e, portanto, sobre a diferença de trato entre os filhos nascidos dentro e fora do matrimónio)[30], mas igualmente no que respeita a outros familiares, como ocorreu no caso *Vermeire c. Bélgica, de 29 de Novembro de 1991* (respeitante à exclusão da requerente da sucessão dos seus avós paternos, em virtude de o parentesco ter sido estabelecido fora do matrimónio)[31]. A igualdade exige tam-

---

[30] Cfr. Acórdão Marckx c. Bélgica, de 13 de Junho de 1979, A 31. Para um estudo detalhado sobre a influência exercida por este aresto sobre o direito da filiação e, sobretudo, sobre o direito sucessório dos ordenamentos europeus, ver WALTER PINTENS e DOMINIQUE PIGNOLET, "L'influence de la Cour européenne des droits de l'homme sur le droit successoral", in: *Lex Familiae*, ano 2, n.° 4, Julho/Dezembro 2005, pp. 22 e ss.

[31] Cfr. Acórdão Vermeire c. Bélgica, de 29 de Novembro de 1991, A 214-C. Assinale-se que, nesta decisão, severas críticas foram dirigidas às instâncias judiciais belgas, porquanto não haviam atendido à interpretação realizada pelo órgão convencional no caso Marckx um ano antes de a questão sucessória se levantar, o que originou algum debate sobre o efeito directo ou imediato das decisões do TEDH. Ver, a respeito, por exemplo, FRANÇOIS RIGAUX, "Le droit successoral des enfants naturels devant le juge international et le juge constitutionnel", in: *Revue trimestrielle des droits de l'homme*, 3éme année, n.° 10, 1er Avril, 1992, pp. 220 e ss.; OLIVIER DE SCHUTTER e SÉBASTIEN VAN DROOGHENBROEK, *Droit international des droits de l'homme devant le juge national*, Bruxelles, Larcier, 1999, pp. 72 e ss.; WALTER PINTENS e DOMINIQUE PIGNOLET, "L'influence de la Cour européenne...", cit., p. 24.

bém que não se reduza a quota sucessória, como se verificou no caso *Mazurek c. França, de 1 de Fevereiro de 2000* (no qual o Tribunal se debruçou sobre uma lei francesa que estipulava que os filhos nascidos de uma relação adúltera teriam direito a herdar somente metade da quota parte da herança que um filho legítimo teria direito a herdar, quando competissem na sucessão)[32], ou, *mutatis mutandis*, no caso *Merger e Cros c. França, de 22 de Dezembro de 2004*[33], ou se estabeleça alguma preferência em função do nascimento, como se constatou no caso *Inze c. Áustria, de 28 de Outubro de 1987* (no qual o TEDH examinou uma lei austríaca que concedia preferência aos filhos matrimoniais no direito de suceder a determinados terrenos agrícolas)[34]. Outrossim, no que respeita à distinção entre descendentes naturais e descendentes adoptados, o órgão de protecção convencional ditou, no *Acórdão Pla e Puncernau c. Andorra, de 13 de Julho de 2004*, que a interpretação de uma cláusula testamentária, que excluía discriminatoriamente uma criança adoptada dos seus direitos sucessórios, realizada pelas instâncias nacionais violava os arts. 8.º e 14.º da Convenção[35].

---

[32] Cfr. Acórdão Mazurek c. França, de 1 de Fevereiro de 2000, R00-II.

[33] Cfr. Acórdão Merger e Cros c. França, de 22 de Dezembro de 2004.

[34] Cfr. Acórdão Inze c. Áustria, de 28 de Outubro de 1987, A 126.

[35] Cfr. Acórdão Pla e Puncernau c. Andorra, de 13 de Julho de 2004, R04-VIII.

Para mais desenvolvimentos sobre o princípio da não discriminação das crianças nascidas fora do casamento na jurisprudência do TEDH, ver, entre outros, G. COHEN-JONATHAN, *La Convention européenne des droits de l'homme*, Economica, 1989, pp. 365 e ss.; PAOLA ANNA PILLITU, "La tutela della famiglia naturale nella convenzione europea dei diritti dell'uomo", in: *Rivista di diritto internazionale*, vol. LXXII, Fasc. 4, 1989,

3. O reconhecimento da importância dos afectos no Direito da Família Português e na jurisprudência do Tribunal Europeu dos Direitos do Homem.

As linhas antecedentes demonstraram a clara importância do critério biológico ou do critério do sangue como critério de vinculação familiar no âmbito do nosso ordenamento jurídico. Não obstante, acompanhando as descritas mutações sócio-culturais e a emergência de novas formas de família, o *critério do sangue*, no qual desde sempre assentaram os vínculos familiares, passou a competir com o *critério sócio-*

---

pp. 800 e ss.; JACQUES VELU e RUSEN ERGEC, *La Convention européenne des droits de l'homme*, Bruxelles, Bruylant, 1990, pp. 130 e ss. e pp. 552-553; MONTSERRAT ENRICH MAS, "A protecção dos menores no quadro da Convenção Europeia dos Direitos do Homem: análise de jurisprudência", in: *Infância e Juventude*, n.º 2, Abril – Junho 1990, pp. 59-81, pp. 64 e ss.; G. COHEN-JONATHAN, "Respect for private and family life", in: *The european system for the protection of human rights*, Macdonald, R. St. J., Matscher, F., Petzold, H. (ed.), Dordrecht, Boston, London, Martinus Nijhoff Publishers, 1993, pp. 441 e ss.; SYLVAIN GRATALOUP, *L'enfant et sa famille dans les normes européennes*, Paris, L.G.D.J., 1998, pp. 366 e ss.; JEAN-PIERRE MARGUÉNAUD, "L'égalité des droits patrimoniaux de la famille", in: *Le droit au respect de la vie familiale au sens de la Convention européenne des droits de l'homme*, Frédéric Sudre (dir.), Bruxelles, Nemesis, Bruylant, 2002, pp. 335 e ss.; HANS DANELIUS, "Reflections on some important judgements of the European Court of Human Rights regarding family life", in: *Family Life and Human Rights*, Peter Lødrup, Eva Modvar (ed.), Oslo, Gyldendal, 2004, pp. 154 e ss.; DONNA GOMIEN, *Short guide to the European Convention on Human Rights*, Strasbourg, Council of Europe Publishing, 2005, pp. 84 e ss. e 149; WALTER PINTENS e DOMINIQUE PIGNOLET, "L'influence de la Cour européenne...", cit., pp. 21-36.

-*afectivo* como critério de vinculação, e a *afectividade* e a tutela da mesma passou a figurar implícita ou explicitamente na lei lusa.

A adopção plena é, desde logo, a expressão legal perfeita de um vínculo familiar exclusivamente fundado no critério sócio-afectivo. O art. 1974.°, n.° 1, do Código Civil, na redacção da Lei da adopção n.° 31/2003, de 22 de Agosto, afirma expressamente que a adopção visa realizar o interesse superior da criança, que, nas palavras de Maria Clara Sottomayor, "consiste, não na sua identidade biológica ou genética, mas na verdade sociológica ou afectiva por ela vivida"[36]. Assim, e de acordo com a al. *e)* do n.° 1 do art. 1978.° do CC, na redacção da citada Lei, o tribunal pode confiar o menor, com vista a futura adopção, se os pais biológicos tiverem revelado manifesto desinteresse pelo menor acolhido por instituição ou particular, em termos de comprometer seriamente a qualidade e a continuidade dos vínculos afectivos, durante, pelo menos, os três meses que precederam o pedido de confiança. Deste modo, se os pais biológicos não demonstrarem objectivamente a qualidade e continuidade dos vínculos afectivos que os enlaçam com os filhos acolhidos, rompem-se definitivamente os laços de filiação biológicos existentes e abre-se caminho, em nome do superior interesse da criança, para a criação de um novo vínculo de filiação adoptiva assente no afecto[37].

---

[36] Cfr. MARIA CLARA SOTTOMAYOR, "Adopção ou o direito ao afecto. Acórdão do Supremo Tribunal de Justiça de 30.11.2004, Rev. 04A3795", in: *Scientia Ivridica. Revista de Direito Comparado Português e Brasileiro*, Tomo LIV, n.° 301, Janeiro/Março 2005, p. 129.

[37] Esta foi a interpretação do art. 1978.°, n.° 1, al. *e)*, do CC realizada pelo Supremo Tribunal de Justiça no Acórdão de 30 de Novembro de

O afecto aparece igualmente como critério de formação do vínculo parafamiliar de tutela, uma vez que, nos termos do art. 1931.º do CC, compete ao tribunal de menores "nomear o tutor de entre os parentes ou afins do menor ou de entre as pessoas que de facto tenham cuidado ou estejam a cuidar do menor ou tenham por ele demonstrado afeição".

Outro reflexo da crescente importância dos afectos no nosso ordenamento encontra-se no facto de o laço matrimonial fundado no afecto se ter equiparado, ou mesmo tomado a primazia, em relação ao laço consanguíneo no campo sucessório[38]. Com efeito, o cônjuge, que há três décadas atrás ocupava o quarto lugar na lista de sucessíveis, a seguir aos descendentes, ascendentes, irmãos e sobrinhos do *de cujus*, ascendeu, tal como prescreve o art. 2133.º do CC, à primeira classe de sucessíveis, com os descendentes, à segunda, com os ascendentes, ou à terceira, sozinho.

2004, que abandona o mero critério cronológico de visitas para aferir o "manifesto desinteresse" dos pais e adopta o critério dos afectos, sublinhando que "a família é um lugar de afecto, dependendo a qualidade do afecto da potencialidade afectiva da pessoa que cuida da criança no dia-a-dia, que acompanha os seus sonhos e vive as suas alegrias". Para mais desenvolvimentos e para um comentário sobre o predito aresto, consulte-se MARIA CLARA SOTTOMAYOR, "Adopção ou o direito ao afecto...", cit., pp. 115-137. Ver também, neste sentido, MARIA CLARA SOTTOMAYOR, "Quem são os «verdadeiros» pais? Adopção plena de menor e oposição dos pais biológicos", in: *Direito e Justiça, Revista da Faculdade de Direito da Universidade Católica Portuguesa*, vol. XVI, Tomo 1, 2002, p. 211.

[38] Como bem refere GUILHERME DE OLIVEIRA, "O sangue, os afectos...", cit., p. 9.

Na mesma linha, podemos ainda mencionar a relevância do laço conjugal não matrimonial, assente exclusivamente no afecto, que passou a merecer tutela jurídica no nosso ordenamento. Veja-se a Lei n.º 7/2001, de 11 de Maio, que adopta medidas de protecção das uniões de facto, recentemente alterada pela Lei n.º 23/2010, de 30 de Agosto.

Outro sinal da relevância do vínculo sócio-afectivo reside na previsão do art. 15.º, n.º 2, da Lei n.º 32/2006, de 26 de Julho, sobre a procriação medicamente assistida, que obsta a que as pessoas nascidas em consequência de processos de procriação medicamente assistida com dádiva de gâmetas ou embriões obtenham informações sobre a identidade do dador, porquanto pai é aquele que regista a criança e que desempenha o papel sócio-afectivo de pai[39].

Com a mesma base principiológica apontada quanto à confiança do menor para adopção, estipula o art. 3.º, n.º 2, al. c), da Lei de Protecção de Crianças e Jovens em Perigo que a falta de cuidados e de "afeição" dos familiares consanguíneos pode conduzir à limitação ou exclusão das responsabilidades parentais dos progenitores.

Por outro lado ainda, presume-se a paternidade, no âmbito da investigação da paternidade, nos termos da al. a) do art. 1871.º do CC, "quando o filho houver sido reputado e tratado como tal pelo pretenso pai e reputado como filho também pelo público", ou seja, quando existir posse de estado do filho, o que equivale a dizer quando o

---

[39] Em sentido semelhante, o art. 1839.º, n.º 3, do CC impede a impugnação da paternidade com fundamento em inseminação artificial ao cônjuge que nela consentiu.

vínculo que une o filho e o pretenso pai é um vínculo social e afectivo.

Também a consagração, no art. 1878.°-A do CC, de um direito ao convívio recíproco do menor com os avós e irmãos e destes com aquele[40] é um claro sinal de que a lei civil se propõe tutelar o afecto entre os membros da "grande família"[41], considerando a importância do "papel afectivo e lúdico" dos avós no desenvolvimento da personalidade e da formação sócio-moral do menor[42].

No seio do Conselho da Europa, a jurisprudência estrasburguesa retira ao selo biológico o monopólio na qualificação das relações como constitutivas de "vida familiar" e vem-se revelando sufragadora do reconhecimento da importância da efectividade das relações interpessoais ou

---

[40] Um "direito de visita" dos avós é, aliás, extraído deste preceito por alguma doutrina e jurisprudência. Veja-se, por exemplo, MARIA CLARA SOTTOMAYOR, *Regulação do exercício do poder paternal nos casos de divórcio*, Coimbra, Almedina, 2002, pp. 119 e ss.; Acórdão do Supremo Tribunal de Justiça sobre o processo n.° 98A058, de 3 de Março de 1998, que pode ser consultado na Base Jurídico-Documental do Ministério da Justiça (www.dgsi.pt).

[41] Neste sentido, Maria Clara Sottomayor escreve que "[a] lei pretende tutelar a expressão de amor e de afecto entre os membros da família, a importância da ligação afectiva e do auxílio mútuo entre as gerações". Cfr. MARIA CLARA SOTTOMAYOR, *Regulação do exercício do poder paternal...*, cit., p. 119.

[42] Tal como bem se ressalta no Acórdão da Relação de Coimbra sobre o processo n.° 50031-B/2000.C1, de 26 de Fevereiro de 2008, igualmente disponível na *supra* referida Base em www.dgsi.pt.

Para mais algumas notas sobre o relevo jurídico dos afectos no nosso ordenamento, ver GUILHERME DE OLIVEIRA, "O sangue, os afectos...", cit., pp. 8 e ss.

do desempenho social do papel de família para qualificar as relações como familiares, muito embora não se refira expressamente aos afectos[43].

O Tribunal Europeu dos Direitos Humanos tem efectivamente defendido que, para efeitos de aplicação do citado art. 8.°, a noção de família poderá abranger não apenas os laços familiares *de jure*, mas também os laços familiares *de facto* demonstrados pela fórmula *parentesco* e *critério da efectividade dos laços interpessoais* é igual a "vida familiar" ou pela combinação do *critério da efectividade dos laços interpessoais* com o *critério da aparência social de uma família*[44].

Para se certificar da efectividade e da constância dos laços interpessoais, o Tribunal tem atendido a determinados factores, como é o caso da existência ou inexistência

---

[43] Não obstante, Ireneu Cabral Barreto explica, com base na sua extensa análise jurisprudencial concernente à aplicação do art. 8.° da Convenção, que "[a] vida familiar repousa sobre um conjunto de relações de natureza física, jurídica e *afectiva* assim como nas responsabilidades económicas e sociais" e mais refere que os órgãos da Convenção apresentam uma noção casuística de família "baseada na existência de laços substanciais e *afectivos* entre as pessoas que se apresentam como uma família". Cfr. IRENEU CABRAL BARRETO, *A Convenção Europeia dos Direitos do Homem Anotada*, Coimbra, Coimbra Editora, 2010, p. 240, sendo que o itálico é nosso.

[44] Como bem avança FRÉDÉRIC SUDRE, "Rapport Introductif – La «construction» par le juge européen du droit au respect de la vie familiale", in: *Le droit au respect de la vie familiale au sens de la Convention européenne des droits de l'homme*, Frédéric Sudre (dir.), Bruxelles, Nemesis, Bruylant, 2002, pp. 20 e ss.; FRÉDÉRIC SUDRE, *Droit européen et international des droits de l'homme*, Paris, Presses Universitaires de France, 2005, pp. 427 e ss.

de coabitação[45], que é o factor primordial, bem como a duração da relação[46], o nascimento de filhos[47], a dependência financeira[48], ou outras formas de contacto como simples tentativas para realizar visitas[49]. Assim, por exem-

---

[45] Por exemplo, no Acórdão Johnston e Outros c. Irlanda, de 18 de Dezembro de 1986, A 112, o casal já vivia junto há cerca de 15 anos (§§ 56 y 72).

[46] No Acórdão X., Y. e Z. c. Reino Unido, de 22 de Abril de 1997, R97-II, o Tribunal afirmou que "[a]o decidir se uma relação é constitutiva de «vida familiar» pode ser relevante uma série de factores, como o facto de saber se o casal vive junto e há quanto tempo, se demonstraram o seu compromisso pelo facto de terem filhos em comum ou por qualquer outro meio" (§ 36).

[47] No Acórdão Kroon e Outros c. Holanda, de 27 de Outubro de 1994, A 297-C, o Tribunal Europeu sustentou que, pese embora a regra da coabitação seja uma condição de vida familiar, outros factores podem servir para a constituir, mormente, neste caso, o facto de os requerentes terem quatro filhos fruto da relação (§ 30).

[48] Veja-se a Decisão da Comissão, de 8 de Fevereiro de 1972, sobre a queixa n.º 5269/71, p. 104, citada por JANE LIDDY, "Current topic: the concept of family life under the ECHR", in: *EHRLR*, vol. 1, 1998, p. 17. Assinale-se que este órgão convencional parece adoptar uma interpretação restritiva do critério "dependência", na medida em que exige o elemento material ou económico para aceitar a sua verificação, não admitindo a dependência meramente emocional para conceder a tutela do art. 8.º. Por exemplo, no Acórdão Emonet e Outros c. Suíça de 13 de Dezembro de 2007, o Tribunal, além dos laços afectivos que uniam os requerentes, encontrou outros factores de dependência, uma vez que a primeira requerente, devido à sua paralisia, necessitava do cuidado e apoio da sua mãe biológica e pai afectivo (§ 37). Ver, também neste sentido, INÉS ARRIAGA IRABURU, *El derecho a la vida familiar de los extranjeros en la jurisprudencia de Estrasburgo*, Pamplona, EUNSA, 2003, p. 88.

[49] No Acórdão Gül c. Suíça, de 19 de Fevereiro de 1996, R96-I, valorou-se o facto de o requerente ter realizado um certo número de visitas

plo, o laço biológico existente entre um filho e um pai natural não coabitante pode não ser suficiente para obter a qualificação de "vida familiar", para efeitos do art. 8.° da Convenção, devendo a constância e o compromisso de tal laço de facto ser demonstrados por outros factores[50].

O Tribunal Europeu tem ainda aliado o critério da efectividade dos laços interpessoais ao *critério da aparência social de uma família*, para averiguar a existência de "vida familiar" entre pessoas sem vínculos decorrentes de parentesco, casamento ou adopção.

A primeira vez que o Juiz de Estrasburgo reconheceu formalmente a existência de "vida familiar" entre pessoas sem laço biológico ou jurídico, com base no predito critério, foi no *Acórdão X., Y. e Z. c. Reino Unido, de 22 de Abril de 1997*. In casu, o Tribunal Europeu considerou que a relação existente entre X., transexual submetido a cirurgia de reconversão sexual, Y., mulher com que X. vivia desde há anos como companheiro do sexo masculino, e Z., criança

---

à Turquia para ver o seu filho, pelo que o vínculo familiar não se havia rompido (§ 33).

[50] Por exemplo, no Acórdão Haas c. Holanda, de 13 de Janeiro de 2004, R04-I, referente a uma questão sucessória, o Tribunal sublinhou que a mera paternidade biológica não supõe por si só a criação de vida familiar entre pai e filho, se não se logra trazer ao processo provas adicionais que demonstrem a existência de tais laços efectivos (§§ 42 y 43). Ao invés, no Acórdão Lebbink c. Holanda, de 1 de Junho de 2004, R04--IV, pese embora o requerente não tivesse perfilhado o filho, nem com ele tivesse habitado, o Tribunal constatou que o demandante estivera presente no nascimento do filho, que o havia visitado e que lhe havia mudado fraldas, pelo que existia vida familiar entre o requerente e o seu filho biológico não reconhecido (§ 37).

que Y. havia dado à luz após a realização de uma inseminação artificial com dador, não se distinguia da noção tradicional de "vida familiar". Na verdade, X. vivia em sociedade, desde 1979, sob a aparência física de um homem, apresentava um nome masculino, coabitava com Y. como companheiro do sexo masculino, acompanhara todo o processo de concepção de Z. e, desde o seu nascimento, havia actuado como seu "pai", pelo que este órgão concluiu que a relação que existia entre eles decorria, tanto em substância, como em aparência, da noção tradicional de vida familiar[51]. Existia, portanto, uma família sócio-afectiva merecedora da tutela do art. 8.º.

Note-se ainda que, como veremos *infra*, este tem sido igualmente o critério empregue pelo Tribunal Europeu para qualificar as relações que unem os elementos de uma família recombinada[52] como constitutivas de "vida familiar"[53].

Como decorre, na opinião do órgão de protecção convencional, o simples laço biológico pode não ser suficiente para identificar "vida familiar", pese embora o laço jurí-

---

[51] Cfr. Acórdão X., Y. e Z. c. Reino Unido, de 22 de Abril de 1997, R97-II, §§ 35-37.

[52] As famílias recombinadas ou pluriparentais são famílias constituídas por um casal *de jure* ou *de facto* com um filho ou filhos, em que pelo menos um deles é filho, natural ou adoptivo, de apenas um dos membros do casal.

[53] Veja-se, *v.g.*, Acórdão Söderbäck c. Suécia, de 28 de Outubro de 1998, R98-VII, no qual o Tribunal se pronunciou a favor da existência de "vida familiar" entre o pai adoptante, casado com a mãe biológica e que desde os oito meses de idade da criança havia actuado como seu pai e sendo reconhecido por esta como tal, e a criança (§ 33).

dico crie uma presunção nesse sentido. E, por outro lado, a ausência de laço biológico não impede a existência de "vida familiar", já que o simples laço sócio-afectivo, na eventualidade de se verificarem os enunciados critérios da efectividade dos laços interpessoais ou da aparência social de uma família, pode criar "vida familiar".

Neste seguimento, compreende-se também que as instâncias convencionais considerem que não existe "vida familiar" entre o pai biológico que doa esperma e a criança concebida por inseminação artificial com dador, como sucedeu na *Decisão da Comissão, de 8 de Fevereiro de 1993, sobre a queixa n.º 16944/90 de J.R.M. c. Holanda*[54], ainda que o dador tenha tido um vago e parco contacto com a criança durante o seu período de vida inicial. O pai será, pois, aquele que regista, cria, educa e ama a criança[55].

Por último, merece referência a interessante argumentação do Juiz de Estrasburgo vertida no *Acórdão S.H. e Outros c. Áustria, de 1 de Abril de 2010*, concernente à proibição da utilização de técnicas de procriação artificial heteróloga para a fertilização *in vitro* ínsita na lei austríaca, que, na opinião dos requerentes, violava o art. 14.º aplicado em combinação com o art. 8.º. Respondendo ao argumento aduzido pelo Governo demandado de que o uso de óvulos de dadoras para fertilização *in vitro* criaria relações familiares

---

[54] Cfr. Decisão da Comissão, de 8 de Fevereiro de 1993, sobre a queixa n.º 16944/90 de J.R.M. c. Holanda, *DR* 74, p. 120.

[55] Para mais desenvolvimentos sobre a construção casuística do conceito de vida familiar, ver SUSANA ALMEIDA, *O respeito pela vida…*, cit., pp. 69 e ss.

incomuns[56], o Juiz Europeu observou que "as relações familiares que não seguem a típica relação paterno-filial fundada num laço biológico directo não eram novidade", bastando pensar-se "no instituto da adopção, que cria uma relação familiar não baseada na ascendência biológica, mas sim num contrato, com a finalidade de complementar ou substituir as relações familiares biológicas"[57]. Daqui prosseguiu esta instância para a conclusão de que não existiam obstáculos intransponíveis para trazer as relações familiares resultantes do uso bem-sucedido de técnicas de procriação medicamente assistida para o âmbito do Direito da Família e outros correlacionados ramos do Direito[58].

4. O critério sócio-afectivo como critério de vinculação familiar

4.1. *O estabelecimento da filiação "sócio-afectiva" e a "desbiologização da paternidade": uma construção brasileira*

A afectividade e a efectividade das relações interpessoais no seio familiar têm, pois, granjeado uma crescente expressão no Direito da Família Luso e na jurisprudência do Tri-

---

[56] Designadamente, avança o Governo, "a divisão da maternidade num aspecto biológico, num aspecto de "gerar a criança" e quiçá num aspecto social". Cfr. Acórdão S.H. e Outros c. Áustria, de 1 de Abril de 2010, § 79.
[57] Cfr. Acórdão S.H. e Outros c. Áustria, de 1 de Abril de 2010, § 81.
[58] Cfr. Acórdão S.H. e Outros c. Áustria, de 1 de Abril de 2010, § 81.

bunal de Estrasburgo. E o mesmo se vai verificando noutras latitudes, como é o caso do Direito da Família Brasileiro[59]. Mas a doutrina e jurisprudência brasileiras almejam, num passo ousado e ambicioso, dar ainda maior protagonismo à afectividade: *fundar o vínculo paterno/materno-filial exclusivamente no afecto.*

Com efeito, a doutrina e a jurisprudência brasileiras, invocando o princípio da dignidade da pessoa humana constitucionalmente consagrado[60] e recolhendo apoio sobretudo em dois preceitos do Código Civil Brasileiro, apresentam o critério sócio-afectivo como novo critério de estabelecimento da filiação e apregoam a "desbiologização da paternidade"[61], com o slogan de que "pai é aquele que cuida, educa, alimenta, protege, respeita e ama o filho".

---

[59] Veja-se, por exemplo, o § 2.º do art. 1583.º, ou o § 5.º do art. 1584.º do Código Civil Brasileiro, ambos introduzidos pela Lei n.º 11.698, de 13 de Junho de 2008 e referentes ao instituto da guarda do filho, ou o parágrafo único do art. 25.º do Estatuto da Criança e do Adolescente, introduzido pela Lei n.º 12.010, de 3 de Agosto de 2009, que define como família extensa aquela que é "formada por parentes próximos com os quais a criança ou adolescente convive e mantém vínculos de afinidade e afetividade".

[60] Neste sentido, ver, por exemplo, PAULO LUIZ NETTO LÔBO, "Princípio jurídico da afectividade na filiação", in: *A família na travessia do milénio. Anais do II Congresso Brasileiro de Direito da Família*, Belo Horizonte, IBDFAM, 2000, p. 250; RODRIGO DA CUNHA PEREIRA, *Princípios fundamentais norteadores para o Direito de Família*, Belo Horizonte, DelRey, 2006, p. 183; MARIA BERENICE DIAS, *Manual de Direito das Famílias*, São Paulo, Editora Revista dos Tribunais, 2007, pp. 67 e 322.

[61] A expressão terá surgido no final da década de 70 do séc. XX, quando João Baptista Vilella propugna, na sua obra "A Desbiologização da Paternidade", que a paternidade não é um facto da natureza, mas antes um facto cultural. Cfr. JOÃO BAPTISTA VILELLA, "A Desbiologiza-

A doutrina e jurisprudência brasileiras albergaram, desde logo, a "parentalidade sócio-afectiva" sob o tecto legal do art. 1593.º do Código Civil Brasileiro, enquadrado no Subtítulo "Das Relações de Parentesco" e que estabelece que "[o] parentesco é natural ou civil, conforme resulte de consagüinidade ou outra origem". Assim, o parentesco natural é o que se funda em laços biológicos ou de sangue, ao passo que o parentesco civil é tradicionalmente associado à adopção. Não obstante, a expressão "ou outra origem" tem sido extensivamente interpretada por forma a abranger as relações paterno/materno-filiais sócio-afectivas no seio do designado instituto do parentesco civil[62].

ção da Paternidade", in: *Revista da Faculdade de Direito da Universidade Federal de Minas Gerais*, Belo Horizonte, ano XXVII, n.º 21, 1979, pp. 401-419.

[62] Trilhando este caminho hermenêutico, veja-se, entre muitos outros, GUILHERME CALMON NOGUEIRA DA GAMA, "Das relações de parentesco", in: *Direito da Família e o novo Código Civil*, Maria Berenice Dias e Rodrigo da Cunha Pereira (Coords.), Belo Horizonte, Del Rey, 2003, pp. 116 e ss.; RODRIGO DA CUNHA PEREIRA, "Pai, por que me abandonaste?", in: *Direito de Família e Psicanálise. Rumo a uma nova epistemologia*, Giselle Câmara Groeninga e Rodrigo da Cunha Pereira (Coords.), Rio de Janeiro, Imago, 2003, p. 224; ROSANA FACHIN, "Do parentesco e da filiação", in: *Direito da Família e o novo Código Civil*, Maria Berenice Dias e Rodrigo da Cunha Pereira (Coords.), Belo Horizonte, Del Rey, 2003, p. 140; MARIA BERENICE DIAS, *Manual de Direito...*, cit., p. 334. No que à jurisprudência concerne, veja-se, *inter alia*, Decisão de 7 de Junho de 2006, sobre a Apelação Cível n.º 70014576730, proferida pelo Tribunal de Justiça do Rio Grande do Sul (TJRS), com o Relator Luiz Felipe Brasil Santos, disponível para consulta em http://www1.tjrs.jus.br/site/; Decisão de 24 de Novembro de 2010, sobre a Apelação n.º 990.10.343949--0, proferida pelo Tribunal de Justiça do Estado de São Paulo (TJSP), com o Relator Luiz Antonio Costa, que pode consultar-se em http://www.tj.sp.gov.br/.

Procurou-se ainda amparo legal para a "parentalidade sócio-afectiva" no parágrafo II do art. 1605.º do mesmo diploma legal, concernente à Filiação e que dispõe que "[n]a falta, ou defeito, do termo de nascimento, poderá provar-se a filiação por qualquer modo admissível em direito (...) quando existirem veementes presunções resultantes de fatos já certos". A expressão "fatos já certos" tem sido pretorianamente interpretada por referência à relação sócio-afectiva estabelecida entre o pai que socialmente desempenha o papel de pai e como tal é reputado pela família e pela sociedade, muito embora o dispositivo respeite à filiação havida na constância do matrimónio e a sua *ratio* fosse comprovar a filiação biológica não documentada[63].

E assim se foi propagando a tese do outro lado do Oceano Atlântico de que a herança genética não é a única forma de criar um vínculo de filiação, podendo igualmente constituir-se este vínculo através do "cordão umbilical do amor"[64], com base no afecto ou na sócio-afectividade familiar. Mais, aí se propugna que, na hipótese de conflito entre a "verdade sócio-afectiva" e a "verdade biológica", deverá

---

[63] Neste sentido, ver, por exemplo, MARIA BERENICE DIAS, *Manual de Direito...*, cit., pp. 328, 333 e 334. Ver igualmente, *v.g.*, Decisão de 30 de Setembro de 2010, sobre a Apelação Cível com Revisão n.º 643.294-4/4-00, ditada pelo TJSP, com o Relator Salles Rossi, disponível para consulta em http://www.tj.sp.gov.br/.

[64] Cfr. BELMIRO PEDRO WELTER, "Inconstitucionalidade do Processo de Adoção Judicial", publicado em 25 de Setembro de 2005 e disponível para consulta em http://www.mundojuridico.adv.br/sis_artigos/artigos.asp?codigo=611.

dar-se prevalência à sócio-afectividade⁶⁵. Esta tese tem, pois, instruído acções de estabelecimento da filiação alicerçada na posse de estado, ou fundamentado o não provimento de acções negatórias de paternidade ou anulatórias de registo.

No actual contexto social da família ou das famílias "de afecto e dos cuidados", a descrita tese parece acompanhar as supraditas mutações sócio-culturais e afigura-se-nos sobejamente tentadora.

Na verdade, concordamos sem reservas que a relação de filiação não decorre apenas de uma transmissão de material genético e que antes brota do convívio social e afectivo entre pai/mãe e filho, pelo que entendemos que a parentalidade sócio-afectiva merecerá indubitavelmente

---

⁶⁵ Como explica Maria Berenice Dias, "[a] partir do momento em que passou a se reconhecer que a filiação afetiva predomina sobre a filiação biológica, todas as demandas envolvendo os vínculos de filiação passaram necessariamente a dispor de causa de pedir complexa". Assim, por exemplo, nas acções de reconhecimento da filiação biológica, não é suficiente a prova da verdade biológica, sendo ainda necessário comprovar a inexistência de verdade afectiva, ou seja, é necessário provar que o autor não goza da posse de estado de filho de alguém, isto é, que não é filho não biológico de ninguém. Cfr. MARIA BERENICE DIAS, *Manual de Direito...*, cit., pp. 326, 346 e 347.

Veja-se também, por exemplo, a Decisão de 13/06/2007, proferida pelo TJRS, na Apelação Cível n.º 70018506303, com o Relator Luiz Felipe Brasil Santos, relativa a uma acção de anulação de reconhecimento de filho, onde se atribui prevalência à paternidade sócio-afectiva espelhada no registo voluntário e livre de paternidade e se nega provimento ao pedido, pese embora se provasse que o autor não era o pai biológico da criança. O presente aresto pode ser consultado em http://www1.tjrs.jus.br/site/.

tutela no nosso ordenamento jurídico. Mas daí até afirmar a tripartição do estabelecimento da filiação através do *critério biológico* (verdade do sangue), do *critério jurídico* fundado na presunção legal, ou do *critério afectivo* (verdade do coração)[66], dar prevalência ao critério sócio-afectivo e proclamar a "desbiologização da paternidade" será talvez excessivo no contexto do ordenamento jurídico luso.

O Direito da Família Português apresenta, como vimos, uma matriz essencialmente "biologista", porquanto o critério biológico é o factor primordial de determinação dos vínculos familiares. E foi este carácter biologista, consequência lógica da evolução dos costumes e apoiado nos progressos da ciência, que permitiu que há três décadas atrás se eliminasse do nosso ordenamento, assim como de congéneres europeus, um Direito da Filiação desigualitário, com várias categorias de filhos, e, portanto, injusto. Assim não se compreende, como referimos *supra*, que o nosso ordenamento, que ergueu o princípio da não discriminação no domínio da filiação sobre os dados objectivos da Biologia, venha agora a destroná-la e aceite este novo critério sócio-afectivo como critério de vinculação familiar, com prevalência sobre os demais.

Não obstante, e sem depor ou sacrificar o critério biológico, consideramos que a sócio-afectividade familiar deverá beneficiar da atenção do legislador luso, mormente em temas como a impugnação da paternidade presumida ou da perfilhação, mediante a previsão de restrições na hipótese de existir "posse de estado" de filho, ou matérias outras como a protecção dos novos contornos trazidos

---

[66] *V. g.*, MARIA BERENICE DIAS, *Manual de Direito…*, cit., p. 322.

pelas famílias recombinadas ou transexuais, tal como veremos nos títulos que se seguem.

No que tange à jurisprudência nacional, pese embora se considere a verdade biológica "a mais verdadeira" e se afirme como valor constitucional absoluto o direito à identidade pessoal, também se vai reconhecendo – ainda que timidamente – a importância da segurança e da estabilidade das relações familiares, da "posse de estado" e da parentalidade sócio-afectiva[67].

4.2. *O conceito de "posse de estado"*

O conceito de *"posse de estado"* extraído da expressão "veementes presunções resultantes de fatos já certos" contida no parágrafo II do art. 1605.° do Código Civil Brasileiro, ainda que o preceito se destinasse originariamente a comprovar a filiação biológica não documentada, é hoje apontado pela doutrina e jurisprudência brasileiras, como vimos, como o conceito gerador da filiação sócio-afectiva.

---

[67] Veja-se, por exemplo, o Acórdão do STJ, de 25 de Março de 2010, que pode consultar-se na Base Jurídico-Documental do Ministério da Justiça (www.dgsi.pt), onde esta instância julga inconstitucional a norma ínsita no art. 1842.°, n.° 1, al. *a)*, do CC, "na dimensão interpretativa que prevê um prazo limitador da possibilidade do progenitor e marido da mãe propor, a todo o tempo, acção de impugnação da paternidade, desde que teve conhecimento de circunstâncias de que possa concluir-se que não era o pai biológico", aduzindo como um dos argumentos o facto de o estado civil do filho não ter correspondência social, familiar e afectiva. Daqui poderemos retirar que, se *in casu* existisse sócio-afectividade familiar e interesse na estabilidade da vida familiar, o sentido da decisão seria porventura diferente.

No que ao ordenamento jurídico português respeita, o conceito de *"posse de estado"* aparece no nosso Código Civil com o objectivo de facilitar a prova da maternidade ou da paternidade e "tem sempre um valor indiciário do vínculo biológico"[68]. Por exemplo, no caso de reconhecimento judicial da maternidade, para facilitar a prova ao autor, estabelece o art. 1816.º, n.º 2, al. *a)*, deste diploma legal que a maternidade se presume "quando o filho houver sido reputado e tratado como tal pela pretensa mãe e reputado como filho também pelo público". Igualmente, segundo o art. 1831.º, n.º 1, daquele Código, o renascimento da presunção de paternidade *pater is est* pode basear-se na demonstração de que "o filho, na ocasião do nascimento, beneficiou de posse de estado relativamente a ambos os cônjuges". Em comentário ao citado dispositivo, Francisco Pereira Coelho e Guilherme de Oliveira esclarecem, aliás, que, se o legislador civilista pretendesse tutelar, nesta sede, a paternidade sócio-afectiva e não apenas a biológica, teria estabelecido que a posse de estado se deveria manter ou deveria existir só no momento da acção[69]. Ao invés, o legislador fez referência exclusiva à ocasião do nascimento e assim afasta qualquer intenção de proteger uma realidade sócio-afectiva posteriormente consolidada e impede o rumo interpretativo tomado quanto ao art. 1605.º do homólogo Código Brasileiro. Deste modo, a "posse de estado" deverá existir no momento do

---

[68] Cfr. FRANCISCO PEREIRA COELHO e GUILHERME DE OLIVEIRA, *Curso de Direito da Família*, vol. II..., *cit.*, p. 114.

[69] Cfr. FRANCISCO PEREIRA COELHO e GUILHERME DE OLIVEIRA, *Curso de Direito da Família*, vol. II..., *cit.*, pp. 114 e 115.

nascimento, o que não significa que não deva prolongar-se de modo a permitir a consubstanciação dos seus elementos constitutivos elencados no n.º 2 deste dispositivo: reputação e tratamento pelos pais e reputação pelo público[70]. Sem embargo do exposto, consideramos que a recente reforma do art. 1842.º do nosso Código Civil, realizada pela Lei n.º 14/2009, de 1 de Abril, e atinente aos prazos de caducidade nas acções de impugnação da paternidade presumida, deveria ter atendido a este conceito de "posse de estado", assente no concurso dos tradicionais elementos constitutivos *nomen*, *tractatus* e *fama*. Com efeito, consideramos que o legislador civilista poderia ter aproveitado o ensejo para impor restrições à impugnação da paternidade no caso de existir um vínculo sócio-afectivo paterno//materno-filial denunciado pela existência de "posse de estado". Esta é a solução apresentada por outros ordenamentos jurídicos próximos, como o francês[71] ou o espa-

---

[70] Pese embora se entenda que o réu deve ter tido para com o investigante actos de assistência afectiva e material. Veja-se, por exemplo, Acórdão do STJ de 21 de Maio de 1998, que pode ser consultado na Base Jurídico-Documental do Ministério da Justiça (www.dgsi.pt).

[71] Nos termos do art. 333.º do CC Francês, na redacção conferida pela Lei n.º 2009-61, de 16 de Janeiro de 2009, existindo posse de estado, apenas estão legitimados para propor a acção de impugnação da paternidade o filho, o pai ou a mãe, e o sujeito que reclama ser o pai verdadeiro, no prazo de cinco anos a contar da data em que tenha cessado a posse de estado ou da morte do pai, cuja paternidade é contestada. O segundo parágrafo deste dispositivo acrescenta que ninguém, com excepção do Ministério Público, pode contestar a filiação quando a posse de estado durou cinco anos a contar do nascimento ou a contar da perfilhação, se esta tiver ocorrido posteriormente. Já na hipótese de inexistência de posse de estado, a predita acção pode ser proposta por qualquer

nhol[72], que estabeleceram restrições à impugnação da paternidade do marido, em matéria de prazos de caducidade e legitimidade activa, no caso de se verificar a posse de estado de filho[73]. Assim, na eventualidade de existir uma vivência sócio-afectiva que se exprime através da posse de estado de filho, ainda que não tenha correspondência biológica, consideramos que, na ponderação de interesses em causa, deverá prevalecer o interesse da estabilidade da vida familiar e da protecção da sócio-afectividade familiar sobre o interesse e direito do filho a saber e estabelecer a verdade biológica. Neste sentido, parece-nos que, na acção de impugnação da paternidade presumida do marido, o nosso ordenamento, à semelhança da solução francesa, poderia alçar restrições quando existisse posse de estado de filho consolidada durante um certo período de tempo (a lei francesa estabelece cinco anos a contar do nascimento), nomeadamente restringindo a legitimidade activa ao Ministério Público e ao filho, embora com previsão quanto a este

---

interessado, no prazo de dez anos a contar do estabelecimento da filiação, sendo no entanto suspenso o prazo durante a menoridade da criança, tal como prevê o art. 334.º com remissão para o art. 321.º, ambos do citado diploma.

[72] De acordo com o art. 137.º do CC Espanhol, não havendo posse de estado, o direito de impugnação pelo filho é imprescritível em vez de estar sujeito ao prazo de um ano e, por outro lado, pode a acção ser proposta pelo filho ou pelos seus herdeiros em vez de poder ser proposta pelo filho, pela mãe ou pelo Ministério Público.

[73] Para mais detalhes, consulte-se FRANCISCO PEREIRA COELHO e GUILHERME DE OLIVEIRA, *Curso de Direito da Família*, vol. II..., *cit.*, p. 140; GUILHERME DE OLIVEIRA, "O sangue, os afectos...", cit., pp. 10 e 11.

último de prazo de caducidade a contar da maioridade ou da emancipação[74].

Por outro lado também, quanto à acção de impugnação da perfilhação, entendemos que a estabilidade da família sócio-afectiva e a posse de estado de filho deveriam igualmente restringir o direito de impugnar a perfilhação previsto no art. 1859.º do nosso Código Civil[75], à semelhança do que sucede nos referidos regimes francês[76] e espanhol[77], onde a existência de posse de estado, por certo lapso de tempo, restringe a legitimidade activa e origina um prazo de caducidade. Entendemos, portanto, que uma solução semelhante à que acima sugerimos seria outrossim defensável nesta sede, para evitar que a identidade do perfilhado fique no limbo, como referem Francisco Pereira Coelho e Guilherme de Oliveira, de qualquer vingança por desastre sentimental, do humor do perfilhante ou da ganância de

---

[74] Seguimos de perto a posição perfilhada por Guilherme de Oliveira, ainda que a solução concreta avançada seja da nossa responsabilidade. Cfr. FRANCISCO PEREIRA COELHO e GUILHERME DE OLIVEIRA, *Curso de Direito da Família*, vol. II..., *cit.*, pp. 139 e 140; GUILHERME DE OLIVEIRA, "O sangue, os afectos...", cit., p. 11.

[75] Igualmente, no trilho de FRANCISCO PEREIRA COELHO e GUILHERME DE OLIVEIRA, *Curso de Direito da Família*, vol. II..., *cit.*, pp. 186 e 187.

[76] Veja-se o que acima escrevemos, na nota 69, sobre os arts. 333.º e 334.º do CC Francês, igualmente aplicáveis quanto às acções de impugnação da perfilhação.

[77] O art. 140.º da Lei Civil Espanhola estabelece, quanto à impugnação da paternidade estabelecida por perfilhação, que, existindo posse de estado, o direito de impugnação está sujeito a um prazo de quatro anos a contar da inscrição da filiação e a legitimidade activa está limitada ao filho, progenitor ou herdeiro legitimário.

um herdeiro[78]. Aliás, afigura-se-nos premente excluir a legitimidade activa do perfilhante que realiza uma perfilhação conscientemente falsa[79] e de "qualquer outra pessoa que tenha interesse moral ou patrimonial na sua procedência", já que se condiciona a paz familiar e a referida identidade do perfilhado a uma série de condicionalismos menores, como a crise conjugal, a intenção do perfilhante se furtar a uma obrigação de alimentos, os interesses sucessórios, entre outros.

4.3. *Um breve comentário sobre a "adopção à brasileira"*

A prevalência reconhecida pela doutrina e jurisprudência brasileiras à paternidade sócio-afectiva, nos termos descritos, veda a destruição do vínculo paterno-filial criado pela perfilhação conscientemente falsa, muito embora tal vínculo não corresponda à verdade biológica. Falamos da designada *"adopção à brasileira"* que retrata a situação de um sujeito que, de forma espontânea, regista um filho como seu, bem sabendo ou desconfiando que não é seu progeni-

---

[78] Cfr. FRANCISCO PEREIRA COELHO e GUILHERME DE OLIVEIRA, *Curso de Direito da Família*, vol. II..., *cit.*, p. 186.

[79] Pese embora, como veremos a propósito do comentário sobre a "adopção à brasileira", a manutenção do falso vínculo de filiação entre o filho e o perfilhante que sabia não ser o pai biológico e que agora pretende destruir esse laço, num *venire contra factum proprium*, possa trazer inúmeras desvantagens para o perfilhado, quer no campo emocional, quer no domínio da perseguição da verdade biológica.

tor, acto que, segundo a jurisprudência brasileira, produz os mesmos efeitos de uma adopção e que, portanto, é irrevogável. Assim, a tutela da paternidade sócio-afectiva sobreleva o interesse pela reposição da verdade biológica e obsta a que o pai complacente – mas não biológico – anule o registo da paternidade realizado.

A este respeito, cumpre referir que, na apreciação de acções anulatórias de registo civil, alguma jurisprudência recente tem presumido a existência da sócio-afectividade pela simples manifestação de vontade expressa no acto de registo[80]. Ora, parece-nos que, à semelhança do que defendemos quanto à acção de impugnação da perfilhação no contexto luso, também se poderiam erguer restrições à anulação do registo de paternidade na eventualidade de a sócio-afectividade familiar se ter consolidado sob a forma de posse de estado durante certo lapso de tempo. Aliás, se o objectivo desta construção jurídica é tutelar a sócio-afectividade familiar, não se poderá em boa razão propugnar que com o mero acto de reconhecimento se presume a existência dessa realidade, que não se constitui ou presume num acto, mas sim num conjunto de actos reveladores de convívio, cuidado, educação, respeito ou amor. Deste modo, nada temos a obstar a que se negue a anulação do registo civil com fundamento na existência de paternidade

---

[80] Veja-se, *v.g.*, Decisão de 17/02/2005, proferida pelo TJRS, na Apelação Cível n.º 70009804642, com o Relator Alfredo Guilherme Englert, disponível para consulta em http://www1.tjrs.jus.br/site/; Decisão de 27/02/2007, ditada pelo Tribunal de Justiça de Minas Gerais (TJMG), na Apelação Cível n.º 1.0672.00.029573-9/001, com o Relator Nilson Reis, que pode ser consultada em http://www.tjmg.jus.br/.

sócio-afectiva, pese embora nos pareça adequado estabelecer critérios uniformes para aferir a sua existência gerada pela posse de estado de filho consolidada (*v.g.*, prever, pelo menos, a existência de posse de estado durante um certo período de tempo). Na ausência de tal prova, deverá privilegiar-se a verdade biológica e anular-se o registo.

Merecedor de comentário será igualmente o facto de a negação da anulação do registo e, portanto, a manutenção do falso vínculo de filiação poder não corresponder ao melhor interesse do filho[81]. Aliás, qualquer das soluções não deixará a estabilidade emocional do filho incólume. De um lado, a destruição do vínculo de filiação assente na sócio-afectividade poderá trazer sérias desvantagens para o filho, quer a nível emocional, determinadas pelo desmoronamento de uma construção afectiva, social e de identidade, quer a nível patrimonial, porquanto poderá ver-se despojado de alimentos e de uma expectativa sucessória. Por outro lado, a manutenção do falso vínculo de filiação conservará uma paternidade que não é biológica, mas que também terá deixado de ser afectiva, já que o falso pai pretende impugná-la e a ela se mantém preso e contrafeito. Logo, outra extensão de questões emocionais se levanta e obstáculos se erguem a que o filho persiga a sua ascendência biológica.

---

[81] Este problema levanta-se igualmente com a solução de exclusão da legitimidade activa do perfilhante complacente na acção de impugnação de perfilhação, que acima aventámos.

4.4. *Algumas notas sobre os princípios estrasburgueses de estabelecimento da filiação: um equilíbrio entre a "verdade biológica" e a "verdade sociológica"*

O Direito da Filiação Português, como anunciam os traços acima com brevidade esboçados, gravita à volta do princípio da coincidência entre a verdade biológica e o vínculo da filiação.

Outra parece ser a orientação do Tribunal de Estrasburgo, que, mais uma vez, na sua tarefa auscultadora do "pulsar da *sociedade europeia*"[82], atenta na "verdade sócio-afectiva" no momento de arrazoar sobre o estabelecimento da filiação. Com efeito, o Tribunal Europeu tem enunciado um conjunto de princípios referentes ao estabelecimento da filiação que interpreta, como explicámos na nossa obra, "em função dos interesses que latejam nos arestos, com primordialidade para o interesse da criança, e que exprimem um equilíbrio entre a *«verdade biológica»* e a *«verdade sociológica»*"[83].

Efectivamente, ressalta da jurisprudência analisada sobre o tema que esta instância não deixa de prestar vassalagem à *"verdade biológica"*.

Veja-se, por exemplo, o *Acórdão Kroon e Outros c. Holanda, de 27 de Outubro de 1994.* No presente caso, a requerente,

---

[82] Cfr. IRENEU CABRAL BARRETO, "A jurisprudência do novo Tribunal Europeu dos Direitos do Homem", in: *Sub Judice – Direitos Humanos no Tribunal Europeu*, n.º 28, Abril/Setembro, 2004, p. 10.

[83] Cfr, SUSANA ALMEIDA, *O respeito pela vida..., cit.*, p. 193, sendo o itálico da obra que agora escrevemos.

antes de dissolvido um casamento anterior, iniciou uma nova relação, fruto da qual nasceu um filho. Por funcionamento da presunção *pater is est*, a criança era filha "legítima" do marido da mãe, não obstante ser filha biológica do seu actual companheiro. Sucede que a lei da filiação holandesa não previa a impugnação da presunção de paternidade do marido da mãe, a menos que a criança tivesse nascido 306 dias depois da dissolução do casamento. Deste modo, apenas o marido estava legitimado para propor a acção de impugnação da paternidade e, por conseguinte, o pai biológico encontrava-se impedido de reconhecer o seu filho, o que, segundo os requerentes, violava o direito ao respeito pela sua vida familiar salvaguardado pelo art. 8.º da Convenção.

Na sua apreciação, a instância convencional ditou que as autoridades holandesas tinham o dever de criar as condições para permitir, desde o momento do nascimento ou assim que possível, a integração da criança na família[84]. Mais acrescentou que o respeito pela vida familiar impunha que a realidade biológica ou social prevalecesse sobre uma presunção legal, que, no caso, não beneficiava ninguém, pelo que considerou que existia uma violação do art. 8.º[85]. Assim, na opinião deste órgão, serão de privile-

---

[84] Cfr. Acórdão Kroon e Outros c. Holanda, de 27 de Outubro de 1994, A 297-C, § 32.

[85] Cfr. Acórdão Kroon e Outros c. Holanda, de 27 de Outubro de 1994, A 297-C, § 40. Para um comentário detalhado do acórdão ora em análise, ver, por exemplo, PASCALINE GEORGIN, "L'action en contestation de paternité au regard de l'article 8 de la Convention européenne des droits de l'homme", in: *Revue trimestrielle des droits de l'homme*, 7éme année, n.º 26, 1er Avril, 1996, pp. 183 e ss.

giar a "verdade biológica" e a "verdade sócio-afectiva" sobre a "verdade jurídica". Também no *Acórdão Shofman c. Rússia, de 24 de Novembro de 2005*, apesar de existir uma relação social de filiação, o Tribunal, ponderados os interesses em conflito, deu prevalência à "verdade biológica". O Tribunal apreciou, neste aresto, a convencionalidade de um limite temporal aposto à acção de impugnação da presunção de paternidade do marido da mãe.

Sobre a introdução de tal barreira temporal, esta instância argumentou que poderia ser considerada justificada por razões de tutela da segurança e certeza jurídicas das relações familiares e protecção dos interesses da criança[86]. Não obstante, no presente caso, o requerente desconhecia e nem desconfiava não ser o pai biológico da criança, tendo inclusivamente exercido "posse de estado" sobre o putativo filho durante dois anos após o seu nascimento. Deste modo, somente expirado o prazo de um ano após o registo do nascimento para propor a acção de impugnação, tomou o requerente conhecimento de que poderia não ser o pai biológico da criança[87]. Perante o exposto, e uma vez ponderados os interesses em conflito, o Tribunal Europeu considerou que o facto de o requerente estar impedido de impugnar a presunção de paternidade, em virtude de não ter descoberto que poderia não ser pai da criança antes de

---

[86] Cfr. Acórdão Shofman c. Rússia, de 24 de Novembro de 2005, § 39. Ver *mutatis mutandis* Acórdão Phinikaridou c. Chipre, de 20 de Dezembro de 2007, § 51.

[87] Cfr. Acórdão Shofman c. Rússia, de 24 de Novembro de 2005, § 40.

ter expirado o prazo de um ano, não era proporcional ao fim perseguido pela previsão legal escrutinada, pelo que concluiu existir um desrespeito pela "vida privada" do requerente[88].

Noutro conjunto de decisões, e na senda do superior interesse da criança, os órgãos de tutela convencional penderam indiscutivelmente a balança a favor da *"verdade sócio--afectiva"* e da segurança e estabilidade das relações familiares.

Veja-se a *Decisão sobre a admissibilidade da queixa n.º 27110//95, de 29 de Junho de 1999, de Nylund c. Finlândia*. In casu, o requerente estabeleceu uma relação *de facto* com uma mulher, da qual resultou uma gravidez. Acontece que, antes do nascimento da criança, cessou a dita relação não matrimonial e a companheira do requerente casou com outro homem. Ora, visto que o nascimento da criança se verificou já na constância do matrimónio, funcionou a presunção legal *pater is est*. Neste seguimento, o requerente, apesar da negação da mãe da criança, pretendia impugnar a descrita presunção legal e reconhecer a paternidade da sua filha biológica.

O Tribunal de Estrasburgo começou por constatar que, no caso *sub judice*, o requerente não tinha formado quaisquer laços emocionais com a criança e, nessa medida, fez a sua análise à luz do conceito de "vida privada" contido no art. 8.º e não sob a mira da noção de "vida familiar". De seguida, esta instância avançou que era justificável que os tribunais nacionais, na ponderação dos interesses em

---

[88] Cfr. Acórdão Shofman c. Rússia, de 24 de Novembro de 2005, §§ 45 e 46.

conflito, privilegiassem os interesses da criança e da família em que vive em detrimento do interesse do requerente tendente a restabelecer a verdade biológica. Por outro lado, acrescentou que, de acordo com a lei finlandesa, a própria criança, uma vez perfeitos os 15 anos de idade, poderia iniciar os procedimentos judiciais para estabelecimento da paternidade biológica. A análise assim realizada por este Tribunal não permitiu encontrar indícios de desrespeito do art. 8.º da Convenção.

Já no *Acórdão Yousef c. Holanda, de 5 de Novembro de 2002*, examinou-se o estabelecimento da paternidade mediante reconhecimento voluntário. Neste caso, o requerente, pai biológico, veio a Estrasburgo queixar-se que a lei civil holandesa previa, no caso de estabelecimento da paternidade de criança nascida fora do matrimónio, o condicionamento da perfilhação ao consentimento do outro progenitor. Assim, uma vez que a mãe não consentia o reconhecimento, o requerente viu-se impedido de perfilhar a alegada filha biológica. Acresce que, após o falecimento da mãe, de acordo com a sua última vontade vertida num testamento, a guarda da criança foi atribuída a um tio, irmão da mãe, e a criança regularmente integrada na sua família. Decorrido o óbito, o requerente procurou, por diversas vezes, invocando o melhor interesse da criança, registar-se como pai desta, mas sem sucesso. Neste contexto, o requerente veio arguir que havia existido uma violação do direito ao respeito pela sua vida familiar tutelado pelo art. 8.º[89].

---

[89] Cfr. Acórdão Yousef c. Holanda, de 5 de Novembro de 2002, R02--VIII, § 47.

No seu exame, o Tribunal notou que, por um lado, a actuação das autoridades nacionais sindicada não privou totalmente o requerente da sua vida familiar com a criança[90] e, por outro lado, a recusa do pretendido reconhecimento salvaguardava os interesses da criança, já regularmente integrada numa família e titular de um sobrenome determinado[91]. Com efeito, a este respeito, esta instância enfatizou que, perante a necessidade de realização de um equilíbrio entre os interesses dos pais e os interesses da criança salvaguardados no art. 8.°, os interesses da criança deviam prevalecer[92]. Assim, tendo em consideração que a criação da criança no seio da família onde se encontrava integrada desde o falecimento da mãe servia melhor os interesses da criança, decidiu que a actuação das autoridades nacionais não havia violado a Convenção.

Portanto, nos descritos casos, o Tribunal de Estrasburgo pautou-se pela protecção da estabilidade da vida familiar e da família sócio-afectiva e pelo melhor interesse da criança.

Ao invés, por exemplo, no *Acórdão Paulík c. Eslováquia, 10 de Outubro de 2006*, inexistindo necessidade de certeza e segurança jurídicas das relações familiares e de protecção do interesse da criança, o Tribunal decidiu a favor da *"verdade biológica"*. No presente caso, o requerente veio arguir

---

[90] Cfr. Acórdão Yousef c. Holanda, de 5 de Novembro de 2002, R02--VIII, § 69.

[91] Cfr. Acórdão Yousef c. Holanda, de 5 de Novembro de 2002, R02--VIII, §§ 72 e 73.

[92] Cfr. Acórdão Yousef c. Holanda, de 5 de Novembro de 2002, R02--VIII, § 73.

que o sistema jurídico nacional não apresentava qualquer expediente legal que permitisse impugnar uma declaração judicial de paternidade datada de 1970 com valor de *res judicata*, depois de descobrir, através da realização de testes de ADN, que não era o pai biológico, pelo que considerava desrespeitada a sua vida privada e familiar[93].

Sobre os factos submetidos a apreciação, o Juiz de Estrasburgo notou que, embora reconhecesse que a lei nacional sindicada perseguia legitimamente a certeza e a segurança jurídicas das relações familiares e a protecção dos interesses da criança[94], a "criança", neste caso, apresentava já 40 anos, possuía a sua própria família e não estava dependente do requerente, pelo que o interesse geral em protegê-la não se afigurava, nesta fase, tão importante como quando era realmente criança. Acresce que a filha, cuja paternidade se procurava contestar, nada tinha a obstar à impugnação da paternidade. Por conseguinte, a inexistência de um procedimento que permitisse fazer coincidir a realidade jurídica com a realidade biológica não beneficiava ninguém[95]. Perante o exposto, esta instância concluiu que o sistema jurídico nacional havia ofendido a "vida privada" do requerente e, portanto, violado o art. 8.º da Convenção.

Esta análise sumária de parte da jurisprudência atinente ao tema do estabelecimento da filiação permite-nos con-

---

[93] Cfr. Acórdão Paulík c. Eslováquia, 10 de Outubro de 2006, R06--XI, § 36.

[94] Cfr. Acórdão Paulík c. Eslováquia, 10 de Outubro de 2006, R06--XI, § 44.

[95] Cfr. Acórdão Paulík c. Eslováquia, 10 de Outubro de 2006, R06--XI, § 46.

cluir que, como reitera a instância estrasburguesa, o superior interesse da criança deve ser nestes arestos a "consideração suprema", pelo que, no caso de esta se encontrar regular e estavelmente integrada num seio familiar e com este tiver entretecido laços de sócio-afectividade, deve dar-se prevalência à "verdade sócio-afectiva" sobre a "verdade biológica". Ao invés, se inexistir necessidade de protecção dos interesses da criança e de tutelar a certeza e segurança jurídicas das relações familiares, deverá privilegiar-se a "verdade biológica".

5. A parentalidade sócio-afectiva no seio das famílias recombinadas ou pluriparentais

5.1. *A prevalência da parentalidade sócio-afectiva sobre a parentalidade biológica na jurisprudência estrasburguesa*

O TEDH tem-se igualmente debruçado sobre os delicados problemas levantados pelos particulares contornos das *famílias recombinadas* ou *pluriparentais* e tem colocado, mais uma vez, nos dois pratos da balança, de um lado, a *realidade biológica* e, de outro, a *realidade sócio-afectiva*.

No *Acórdão Söderbäck c. Suécia, de 28 de Outubro de 1998*, o Tribunal fez prevalecer os laços de "vida familiar" efectivos e afectivos existentes entre a criança e o seu pai adoptante sobre os laços de filiação biológicos existentes entre a criança e o seu pai biológico.

De uma relação pouco estável travada entre o requerente e K.W. nasceu a sua filha biológica. A predita relação cessou e parcos foram os contactos estabelecidos entre o requerente e a criança. Poucos meses após o nascimento da menina, a sua mãe passou a viver com M.W., com quem posteriormente veio a contrair matrimónio. Neste seguimento, M.W. solicitou às autoridades nacionais a autorização para adoptar a criança, o que, apesar da oposição do requerente, foi deferido. Perante o exposto, o requerente veio a Estrasburgo arguir que a decisão que decretou a adopção da sua filha biológica violava o seu direito ao respeito pela vida familiar ínsito no art. 8.° da Convenção.

O Tribunal Europeu começou por constatar que, pese embora o escasso contacto verificado, existia "vida familiar" entre o requerente e a sua filha biológica. Mais notou que a interferência sindicada estava prevista na lei nacional. Faltava, pois, averiguar se tal ingerência era "necessária numa sociedade democrática"[96]. Quanto a este juízo, esta instância observou, por um lado, que, durante o período em consideração, os contactos entretecidos entre o requerente e a filha foram irregulares e limitados e, por outro lado, que a criança vivia com a mãe e o actual pai adoptivo desde os oito meses de idade, que o pai adoptivo havia tomado parte na sua educação e cuidado e era reconhecido como pai pela criança[97]. Assim sendo, no entender deste órgão, a decisão que decretou a adopção apenas veio consolidar e formalizar os laços familiares *de facto* que uniam a criança, a mãe e o

---

[96] Cfr. Acórdão Söderbäck c. Suécia, de 28 de Outubro de 1998, R98-VII, §§ 24-26.
[97] Cfr. Acórdão Söderbäck c. Suécia, de 28 de Outubro de 1998, R98-VII, §§ 32 e 33.

actual pai adoptivo[98]. Perante o exposto, e tendo em consideração que o requerente foi suficientemente envolvido no processo decisório, que parcos foram os contactos estabelecidos entre o requerente e a criança e que as autoridades avaliaram correctamente o "superior interesse" da criança, não podia o Tribunal concluir que a decisão doméstica havia extravasado os limites da margem de apreciação. Mais, uma vez que o fim almejado pela decisão de adopção se consubstanciou no melhor interesse da criança, os – apesar de nefastos – efeitos causados pela decisão nas relações entre o requerente e a criança não se afiguraram desproporcionais a esta instância, pelo que se concluiu pela não violação do art. 8.º da Convenção[99].

Considerações vizinhas foram tecidas na *Decisão de 3 de Dezembro de 2005, sobre a queixa n.º 64848/01 de Kuijper c. Holanda.*

Vejamos as circunstâncias fácticas trazidas ao processo. A requerente, casada, deu à luz uma menina. Quatro anos após o nascimento, o casamento existente dissolveu-se e a guarda foi atribuída, por acordo, ao pai da criança. Cerca de meio ano após a separação, o pai da criança iniciou uma nova relação com uma companheira, com quem veio posteriormente a casar e com quem teve outros dois filhos. Meses antes de a filha da requerente atingir a maioridade, a esposa do pai solicitou a adopção da jovem e, não obstante a oposição da requerente, a adopção foi decretada.

---

[98] Cfr. Acórdão Söderbäck c. Suécia, de 28 de Outubro de 1998, R98-VII, § 33.
[99] Cfr. Acórdão Söderbäck c. Suécia, de 28 de Outubro de 1998, R98-VII, §§ 34-35.

Na sua apreciação, o Tribunal considerou que, atendendo à opinião favorável da adoptada, ao suficiente envolvimento da requerente no processo decisório, ao melhor interesse da adoptada e ao escasso contacto estabelecido entre a requerente e a sua filha, a decisão das autoridades nacionais que decretou a adopção da filha pela esposa do pai, em oposição à vontade da requerente, não havia extravasado os limites da margem de apreciação, nem conduzido ao desequilíbrio dos interesses envolvidos. Assim, esta instância declarou que a ingerência se encontrava justificada ao abrigo do n.º 2 do art. 8.º, pelo que declarou a queixa inadmissível[100].

O *Acórdão Eski c. Áustria, de 25 de Janeiro de 2007* enfileira-se na mesma linha jurisprudencial. Sobre semelhantes contornos fácticos aos descritos no caso *Söderbäck*, o Tribunal considerou igualmente que, atendendo à avaliação casuística do melhor interesse da criança realizada pelas instâncias nacionais e tomando nota dos contactos irregulares e limitados estabelecidos entre o requerente e a sua filha, a decisão de adopção enquadrava-se dentro dos limites da margem de apreciação reconhecida ao Estado demandado e era proporcional, pelo que não vislumbrou uma violação do art. 8.º da Convenção[101].

Pode ainda consultar-se, *mutatis mutandis*, o *Acórdão Chepelev c. Rússia, de 26 de Julho de 2007*.

Como decorre, em nome do superior interesse da criança, o Tribunal Europeu tem dado, neste âmbito, clara

---

[100] Cfr. Decisão de 3 de Dezembro de 2005, sobre a queixa n.º 64848/01 de Kuijper c. Holanda, pp. 14-15.

[101] Cfr, Acórdão Eski c. Áustria, de 25 de Janeiro de 2007, §§ 39-43.

prevalência à consolidada parentalidade sócio-afectiva em detrimento da parentalidade biológica assente em parco contacto, proclamando que a adopção se limita a consolidar ou formalizar os laços familiares *de facto* que unem a criança ao pai/mãe sócio-afectivo(a).

Semelhante arrazoado encontramos no *Acórdão K. e T. c. Finlândia, de 12 de Julho de 2001*, também respeitante a uma família recombinada, ainda que as circunstâncias factuais sejam diferentes. A propósito da convencionalidade das medidas de tutela aplicadas a dois dos quatro filhos da primeira requerente, que apresentava um longo historial clínico de esquizofrenia, o Tribunal pronunciou-se sobre a legitimidade de o segundo requerente, "pai biológico" de um desses filhos e pai "sócio-afectivo" do outro, invocar o amparo do art. 8.º da Convenção para proteger a relação existente entre este e o filho da primeira requerente e, portanto, para intervir no processo. A este respeito, este órgão observou que ambos os requerentes haviam vivido juntos com o filho da primeira requerente até ao momento em que este foi colocado sob a tutela do Estado e, durante esse período, formaram uma família com a clara intenção de continuarem a vivência em comum. Assim sendo, na opinião do Tribunal, laços verdadeiros de "vida familiar" uniam os requerentes e o filho da primeira requerente, pelo que aquela instância não iria fazer qualquer distinção entre a primeira requerente e o segundo requerente quanto ao âmbito da "vida familiar" que ambos gozavam conjuntamente em relação às duas crianças[102].

---

[102] Cfr. Acórdão K. e T. c. Finlândia, de 12 de Julho de 2001, R01--VII, §§ 149-150.

Portanto, a análise sumária deste conjunto de decisões concernentes a estas novas constelações familiares permite-nos salientar duas orientações jurisprudenciais. Em primeiro lugar, ressalta desta jurisprudência que, inspirado no critério da efectividade dos laços interpessoais ou da aparência de família, o Tribunal pode qualificar a relação existente entre a criança, filha de apenas um dos membros do casal, e o outro membro do casal como "vida familiar", ainda que estes não se encontrem enlaçados por qualquer liame biológico. Por outro lado, o superior interesse da criança pode ditar a prevalência da consolidada *parentalidade sócio-afectiva* sobre a mera *parentalidade biológica*[103].

5.2. *Relance sobre o contexto português*

Transferindo-nos agora para o contexto do ordenamento jurídico português, será de salientar que o legislador civilista revelou recentemente a preocupação – ainda que acanhada – de tutelar a relação "sócio-afectiva" entre o companheiro da mãe ou do pai e a criança. Veja-se, com efeito, o n.º 4 do art. 1906.º do nosso Código Civil, introduzido pela Lei n.º 61/2008, de 31 de Outubro, que prevê que "[o] progenitor a quem cabe o exercício das responsabilidades parentais relativas aos actos da vida corrente pode exercê-las por si ou delegar o seu exercício". Mas a tutela do legislador português não foi além desta previsão.

---

[103] Sobre a protecção das famílias recombinadas na jurisprudência do TEDH, ver SUSANA ALMEIDA, *O respeito pela vida...*, cit., pp. 217 e ss.

Com o fito de acentuar a protecção conferida à relação "sócio-afectiva" entre a criança e o parceiro da mãe ou do pai, sugerimos, por exemplo, a previsão da possibilidade de, mediante prova de parentalidade sócio-afectiva efectiva e consolidada e após avaliação do concreto superior interesse da criança, poder o tribunal estender o exercício das responsabilidades parentais ao pai/mãe sócio-afectivo(a)[104]. Outrossim, na hipótese de ruptura da relação *de jure* ou *de facto* existente entre o casal, e, mais uma vez, comprovada a existência de consolidados laços de sócio-afectividade entre a criança e o parceiro da mãe ou do pai, parece-nos defensável a inclusão de um direito ao convívio recíproco do menor com o pai/mãe sócio-afectivo(a), à semelhança do que sucede, nos termos do disposto no art. 1878.°-A do CC, com os avós e irmãos da criança.

6. A colocação da questão no âmbito da família integrada por transexual e da família homossexual: a posição do Tribunal Europeu

O tema da sócio-afectividade familiar pode igualmente debater-se no seio das *famílias integradas por um transexual*.
O Tribunal teve a oportunidade de se pronunciar sobre a questão no *Acórdão X., Y. e Z. c. Reino Unido, de 22 de Abril*

---

[104] A possibilidade de o companheiro ou a companheira do progenitor que cuida e educa a criança exercer igualmente em conjunto com os progenitores as responsabilidades parentais está prevista, por exemplo, no regime holandês. Ver arts. 245.° e ss. do Código Civil Holandês (Burgerlijk Wetboek).

de 1997. In casu, como vimos sumariamente *supra*, X. era um transexual submetido a cirurgia de reconversão sexual que vivia em sociedade, desde 1979, sob a aparência física de um homem, apresentava um nome masculino, assumia aos olhos da sociedade o papel de um homem e, desde essa data, coabitava com Y. como companheiro do sexo masculino. Em 1991, os requerentes iniciaram um processo de concepção por inseminação artificial com dador, sob a anuência da Comissão de Ética do Hospital e, um ano depois, Y. deu à luz Z. Neste seguimento, X. e Y. procuraram registar-se, respectivamente, como pai e mãe da criança. Contudo, pese embora se tenha atribuído a Z. o sobrenome de X., as autoridades nacionais recusaram registar civilmente como pai da criança o transexual convertido, em conformidade com a orientação do *Register General* manifestada já antes do nascimento de Z. e que trilhava no sentido de que apenas poderia ser registado civilmente como pai um indivíduo do sexo biológico masculino[105]. Perante o exposto, os requerentes X., Y. e Z. vieram a Estrasburgo alegar que a recusa das autoridades britânicas em reconhecer juridicamente a relação *de facto* entre pai e filha havia violado o seu direito ao respeito pela vida privada e familiar consagrado no art. 8.º.

Para aferir a aplicabilidade do art. 8.º aos factos descritos, o Tribunal Europeu pronunciou-se primeiramente sobre a existência de "vida familiar" entre os requerentes, já que, como vimos, somente os laços reconhecidamente familiares caem no âmbito de aplicação deste preceito e

---

[105] Para mais detalhes sobre os factos, ver Acórdão X., Y. e Z. c. Reino Unido, de 22 de Abril de 1997, R97-II, §§ 12-19.

merecem a sua tutela. Na realização deste juízo, este órgão observou, na esteira da Comissão, que X. vivia com Y. desde 1979, "assumindo aos olhos de todos o papel de companheiro masculino", que aquele se havia envolvido no processo de concepção artificial de Z. e que havia actuado como seu "pai" desde o seu nascimento, pelo que considerou que os requerentes estavam unidos por laços familiares *de facto*[106].

Sem embargo de qualificar X. como "pai sócio-afectivo" de Z., o Tribunal foi mais cauteloso na hora de arrazoar sobre a imposição aos Estados contratantes de uma obrigação positiva de registar civilmente um transexual operado como pai da criança. Com efeito, no que respeita a este juízo, este órgão de tutela convencional sublinhou que inexistia um denominador comum europeu relativamente à concessão de "direitos parentais" aos transexuais e, em geral, "o direito [parecia] atravessar uma fase de transição". Nessa medida, avançou esta instância que devia reconhecer-se ao Estado demandado uma ampla margem de apreciação[107].

---

[106] Cfr. Acórdão X., Y. e Z. c. Reino Unido, de 22 de Abril de 1997, R97-II, § 37. Posição distinta manifestou o juiz Meyer ao redigir a sua opinião concordante à decisão vertida no aresto, quando defende que, tendo em consideração que entre os requerentes existia apenas uma "aparência de laços familiares", o caso em análise devia ter sido analisado sob o ângulo da vida privada. No mesmo sentido, ver SYLVAIN GRATALOUP, "Droit et liberté fondamentaux; vie familiale; élément constitutif; couple; transsexuel; enfant; conception; insémination artificielle; lien familial; père; exclusion", in: *Recueil Dalloz*, Jurisprudence, 43er cahier, 4 Déc. 1997, p. 585.

[107] Cfr. Acórdão X., Y. e Z. c. Reino Unido, de 22 de Abril de 1997, R97-II, § 44.

No que tange à valoração do justo equilíbrio entre os interesses em confronto, o Tribunal observou ser do "interesse da sociedade em geral preservar a coerência de um conjunto de normas de Direito da Família que coloca o melhor interesse da criança em primeiro plano"[108]. Neste seguimento, este órgão aditou que o Estado podia ter justificadas razões para se mostrar prudente no empreendimento de reformas legais neste domínio, na medida em que poderiam as alterações realizadas ter consequências indesejáveis e imprevistas para as crianças que se encontrassem na mesma situação de Z. Para além disso, tal alteração, continuou aquele órgão, poderia ter implicações noutros domínios do Direito da Família. Por exemplo, semelhante previsão poderia conduzir à incoerência de um transexual mulher-homem ser legalmente reconhecido como "pai" da criança e, todavia, permanecer mulher, à face da lei, para todos os demais efeitos[109]. Relativamente aos interesses individuais dos requerentes, o Tribunal arguiu, *inter alia*, que a questão sucessória poderia ser resolvida por um testamento e que, ainda que inexistisse vínculo

---

[108] Cfr. Acórdão X., Y. e Z. c. Reino Unido, de 22 de Abril de 1997, R97-II, § 47.

[109] Cfr. Acórdão X., Y. e Z. c. Reino Unido, de 22 de Abril de 1997, R97-II, § 47. Note-se que tal incoerência já não se verificará, uma vez que, no Acórdãos Christine Goodwin c. Reino Unido, e I. c. Reino Unido, ambos de 11 de Julho de 2002, o TEDH rompeu com os postulados jurisprudenciais anteriores e propugnou que o art. 8.º da CEDH fazia pesar sobre os Estados membros a obrigação positiva de reconhecer juridicamente a nova identidade sexual do transexual submetido a cirurgia de reconversão sexual.

jurídico entre os requerentes, nada obstava a que X. se comportasse em sociedade como pai da criança[110].

Em conclusão, considerando que "o transexualismo levanta questões complexas de natureza científica, jurídica, moral e social, que não foram objecto de uma aproximação genericamente seguida nos Estados contratantes", considerou o Tribunal Europeu que não seria possível retirar do art. 8.° a obrigação positiva para o Estado demandado de "reconhecer oficialmente como pai de uma criança uma pessoa que não é o seu pai biológico", pelo que decidiu pela não violação do art. 8.°[111].

Decorre do exposto, como já tivemos oportunidade de comentar, que, "apesar de o Tribunal avançar com denodo, neste aresto, uma noção de «pai social» assente na efectividade das relações interpessoais e na aparência de uma família, «a audácia do juiz europeu não vai além disso», sendo antes amputada pela ausência de normas europeias comuns em matéria de regulação de poder paternal dos transexuais e, consequentemente, pelo reconhecimento da ampla margem de apreciação ao Estado contratante"[112]. Efectivamente, o Tribunal de Estrasburgo aceitou qualificar X. como "pai sócio-afectivo", pese embora, sob o escudo da interpretação consensual, tenha recusado reconhecê-lo como "pai jurídico", com

---

[110] Cfr. Acórdão X., Y. e Z. c. Reino Unido, de 22 de Abril de 1997, R97-II, § 50.
[111] Cfr. Acórdão X., Y. e Z. c. Reino Unido, de 22 de Abril de 1997, R97-II, § 52.
[112] Cfr. SUSANA ALMEIDA, *O respeito pela vida...*, cit., p. 245.

as necessárias e delicadas implicações desse reconhecimento[113].

Parece-nos, no entanto, que a *volte face* realizada pelos *Acórdãos Christine Goodwin c. Reino Unido e I c. Reino Unido*, ambos de 11 de Julho de 2002, deverá conduzir o órgão de tutela convencional a rever futuramente a posição aqui impressa[114]. Com efeito, nestes *leading cases*, a instância estrasburguesa aceitou, pela primeira vez e após dezasseis anos de frustradas investidas da causa transexual, fazer pesar sobre os Estados contratantes a obrigação positiva de reconhecer juridicamente a nova identidade sexual dos transexuais submetidos a cirurgia de conversão sexual e, por outro lado, abandonou a referência ao critério do sexo biológico para definir o casamento. Pese embora a questão dos "direitos parentais" do transexual tenha sido deixada

---

[113] Neste sentido, ver FRÉDÉRIC SUDRE, "Rapport Introductif...", cit., pp. 42-43; MICHEL LEVINET, "Couple et vie familiale", in: *Le droit au respect de la vie familiale au sens de la Convention européenne des droits de l'homme*, Frédéric Sudre (dir.), Bruxelles, Nemesis, Bruylant, 2002, p. 147. Para um comentário detalhado sobre esta decisão, ver FRANÇOIS RIGAUX, "Les transsexuels devant la Cour européenne des droits de l'homme: Une suite d'occasions manquées. Observations. Cour européenne des droits de l'homme, Grande Chambre, 22.4.1997. Affaire X.Y.Z. c. le Royaume-Uni", in: *Revue trimestrielle des droits de l'homme*, 9éme année, n.° 33, 1er Janvier 1998, pp. 117-144.

[114] Partilhamos, pois, a opinião de PATRICK WACHSMANN / ALUMA MARIENBURG-WACHSMANN, "La folie dans la loi: considérations critiques sur la nouvelle jurisprudence de la Cour européenne des droits de l'homme en matière de transsexualisme – en marge des arrêts Christine Goodwin c. le Royaume-Uni et I. c. le Royaume-Uni du 11 juillet 2002", in: *Revue trimestrielle des droits de l'homme*, 14ème année, n.° 56, 1er Octobre, 2003, p. 1166; FRÉDÉRIC SUDRE, *Droit européen...*, cit., p. 429.

em branco nestes arestos, alguns dos argumentos aventados pelo Tribunal no *Acórdão X., Y. e Z. c. Reino Unido, de 22 de Abril de 1997* foram aqui esbatidos. Desde logo, o critério puramente biológico deixou de presidir à determinação do sexo[115]. Por outro lado, o argumento da incoerência a que conduziria a recusa de reconhecimento jurídico da nova identidade sexual e a concessão de "direitos parentais" aos transexuais submetidos a cirurgia de reconversão sexual, cujo sexo jurídico continuaria a ser o anterior sexo morfológico, já não se verifica[116]. Por último, a ausência de "denominador comum" entre os Estados contratantes deixou de ser determinante, já que o Tribunal Europeu adoptou a doutrina da "tendência internacional contínua" no sentido de uma crescente aceitação social dos transexuais para fundamentar a interpretação evolutiva realizada neste domínio[117]. Resta-nos, pois, aguardar que o tema seja novamente levado a Estrasburgo e que o Tribunal dite – como prevemos – inovadores e orientadores postulados jurisprudenciais sobre estas relações familiares sócio-afectivas.

Já no que toca às *relações familiares homossexuais*, julgamos que o argumento da inexistência de "denominador comum" entre os Estados membros sobre as temáticas rela-

---

[115] Acórdãos Christine Goodwin c. Reino Unido, de 11 de Julho de 2002, R02-VI, § 100; I. c. Reino Unido, de 11 de Julho de 2002, § 80.

[116] Acórdãos Christine Goodwin c. Reino Unido, de 11 de Julho de 2002, R02-VI, § 93; I. c. Reino Unido, de 11 de Julho de 2002, § 73.

[117] Acórdãos Christine Goodwin c. Reino Unido, de 11 de Julho de 2002, R02-VI, §§ 84-85; I. c. Reino Unido, de 11 de Julho de 2002, §§ 64-65.

cionadas com este tipo de família obstará a que o Tribunal Europeu realize a interpretação evolutiva da Convenção de Roma e aceite reconhecer a relação sócio-afectiva entre o(a) companheiro(a) do(a) pai/mãe biológico(a) da criança ou o(a) companheiro(a) do(a) pai/mãe adoptivo(a) da criança e a criança ou mesmo entre ambos os pais/mães adoptivos do mesmo sexo e a criança adoptada, pelo menos até que se divise um consenso entre os quase cinquenta Estados membros.

A questão colocou-se na *Decisão de 19 de Maio de 1992, sobre a queixa n.º 15666/89 de Kerkhoven e Hinke c. Holanda*, na qual a Comissão teve oportunidade de reflectir sobre a regulação das responsabilidades parentais do filho biológico, concebido por inseminação artificial, de um dos membros de uma união de facto lésbica. Na sua apreciação sobre a recusa das autoridades nacionais em conceder o exercício das responsabilidades parentais sobre o terceiro requerente, filho biológico da segunda requerente, à primeira requerente, companheira daquela, a Comissão começou por enfatizar que, "apesar da moderna evolução de atitudes perante a homossexualidade, uma relação homossexual estável entre duas mulheres não cai no âmbito do direito ao respeito pela vida familiar"[118]. Mais acrescentou que a lei holandesa não impedia os requerentes de viverem juntos como uma família. Aditou ainda que, pese embora reconhecesse que a ausência de vínculo jurídico entre a primeira e o terceiro requerentes seria de sobeja importância caso a mãe biológica falecesse ou na

---

[118] Entendimento alterado no Acórdão Schalk e Kopf c. Áustria, de 24 de Junho de 2010, a que faremos referência nas linhas seguintes.

hipótese de tal relação terminar, não poderia deduzir do art. 8.º uma obrigação positiva que impusesse ao Estado demandado a concessão de exercício de responsabilidades parentais a uma mulher que vivia conjuntamente com a mãe da criança e a própria criança. No que toca ao juízo sobre o tratamento diferenciado, este órgão convencional extinto sustentou que, relativamente à concessão de responsabilidades parentais, um casal homossexual não podia ser equiparado a um casal heterossexual em união de facto.

Sem embargo do exposto, serão de mencionar algumas das construções jurisprudenciais recentes que se afastam do sufragado na decisão descrita e que denotam clara compreensão pela causa homossexual e alguma abertura – ainda que vacilante – no sentido da aceitação do casamento homossexual e eventualmente do reconhecimento das referidas relações sócio-afectivas paterno/materno-filiais.

Refira-se, desde logo, o *Acórdão E.B. c. França, de 22 de Janeiro de 2008*, que versou sobre a convencionalidade de uma decisão das autoridades francesas que rejeitou um pedido de adopção singular por uma candidata a adoptante homossexual. Neste caso, distanciando-se do entendimento perfilhado no *Acórdão Frétté c. França, de 26 de Fevereiro de 2002*[119], o Tribunal Europeu sustentou que a

---

[119] Neste aresto, o Tribunal Europeu, em apreciação da mesma temática, propugnou que, por um lado, o direito a adoptar não figurava entre o elenco de direitos e liberdades fundamentais contemplados na Convenção de Roma e, por outro lado, que a aplicação do art. 8.º pressupunha a pré-existência de uma família e, portanto, não tutelava o simples desejo de formar uma família. Cfr. Frétté c. França, de 26 de Fevereiro de 2002, R02-I, § 32.

influência da orientação sexual da requerente na decisão de recusa do pedido de adopção foi decisiva, pelo que considerou que havia existido um trato discriminatório vulnerador do arts. 14.º e 8.º, aplicados em conjunto. Muito embora *in casu* se tratasse de uma adopção singular, foi dado mais um passo compassivo dos apelos dirigidos pelos homossexuais no sentido de erradicar dos ordenamentos jurídicos dos Estados membros o tratamento discriminatório fundado na orientação sexual.

Por último, cumpre citar o *Acórdão Schalk e Kopf c. Áustria, de 24 de Junho de 2010*. Neste aresto, ainda que se mantenha como guardião do templo sagrado do casamento e negue extrair do art. 12.º a obrigação de os Estados contratantes garantirem aos casais do mesmo sexo o acesso ao casamento[120], o Tribunal Europeu parece trilhar caminho no sentido de reconhecer este direito aos companheiros do mesmo sexo[121]. Mas a verdadeira ruptura jurisprudencial verifica-se na inclusão destas uniões estáveis homossexuais no conceito de "vida familiar" contido no art. 8.º. Com efeito, considerando a evolução social da atitude perante a homossexualidade num grande número de Estados contratantes, que inclusivamente passaram a reconhecer juri-

---

[120] Cfr. Acórdão Schalk e Kopf c. Áustria, de 24 de Junho de 2010, § 63.

[121] Consulte-se a opinião dissidente conjunta dos Juízes Rozakis, Spielmann e Jebens, no sentido de encontrar violação do art. 14.º, em combinação com o art. 8.º, e de considerar que o Estado austríaco tinha a obrigação de introduzir no ordenamento nacional a união registada antes de 1 de Janeiro de 2010, bem como a argumentação respeitante ao art. 9.º da Carta dos Direitos Fundamentais da União Europeia (§§ 60 e 61).

dicamente as uniões homossexuais estáveis, e atendendo a determinadas normas da União Europeia, o Tribunal de Estrasburgo alterou o seu entendimento e admitiu, pela primeira vez, que uma relação *de facto* estável entre pessoas do mesmo sexo constituía "vida familiar". Neste seguimento, esta instância ditou que "uma relação de facto estável de um casal do mesmo sexo coabitante enquadra-se no conceito de «vida familiar», à semelhança do relacionamento entre um casal de sexo diferente na mesma situação"[122].

Assim, uma união homossexual estável constitui, no entender deste órgão, uma família. Bem sabemos que daí até aceitar reconhecer e regular as relações sócio-afectivas entre o companheiro do pai/mãe biológico(a) ou adoptivo(a) da criança e a criança vai um longo caminho, mas será esse o trilho a percorrer pelo Tribunal de Estrasburgo se as mutações sócio-culturais e as reformas legais verificadas no seio dos Estados contratantes vierem paulatinamente a apontar nesse sentido.

7. Conclusões

As linhas que se antecederam centraram-se na emergência da figura da "parentalidade sócio-afectiva" no seio jurídico-familiar, motivada pelas mutações sócio-culturais verificadas no palco social europeu e ocidental a partir da década de 60 do século passado. Em particular, procurá-

---

[122] Cfr. Acórdão Schalk e Kopf c. Áustria, de 24 de Junho de 2010, §§ 93 e 94.

mos, a largos traços, descrever e reflectir sobre os diferentes níveis de protecção que foram sendo concedidos, à luz das referidas mutações, à sócio-afectividade familiar em três latitudes distintas: o ordenamento jurídico brasileiro, o Conselho da Europa e o ordenamento jurídico luso.

Vimos, no caminho percorrido, que, no que concerne ao ordenamento jurídico brasileiro, a doutrina e a jurisprudência brasileiras inseriram o critério sócio-afectivo, como novo critério de estabelecimento da filiação, ao lado dos tradicionais critérios biológico e jurídico. Ademais, como referimos, atribuíram um lugar soberano à sócio-afectividade, na medida em que, na hipótese de conflito entre a "verdade sócio-afectiva" e a "verdade biológica", deverá privilegiar-se a sócio-afectividade. Comentámos que estas inovadoras propostas se afiguram tentadoras e se revelam atentas às referidas mudanças sociais e de costumes. No entanto, estas construções parecem-nos exageradas no contexto do ordenamento "biologista" português e merecem a crítica de poderem conduzir a alguma insegurança jurídica própria do casuísmo jurisprudencial. Consideramos, pois, premente a intervenção do legislador brasileiro, no sentido, *inter alia*, de prever critérios uniformes para a aferição da existência da "parentalidade sócio-afectiva" e de prescrição dos contornos da sua protecção.

No âmbito do designado *"club* de democracias" europeu, a incursão jurisprudencial realizada permitiu-nos perceber a crescente importância dos afectos e da efectividade das relações familiares na óptica do órgão de protecção convencional e, bem assim, enunciar um conjunto de postulados de contornos europeus de tutela da sócio-afectividade familiar.

Desde logo, no tangente à qualificação das relações como constitutivas de "vida familiar", a jurisprudência estrasburguesa retirou o monopólio ao critério biológico e passou a socorrer-se igualmente do critério da efectividade das relações interpessoais e do critério da aparência social de uma família. Deste modo, o simples liame biológico pode não ser suficiente para identificar "vida familiar" e, por outro lado, a ausência de laço biológico não impede a existência de "vida familiar" comprovada pelos preditos critérios.

Por outro lado, no âmbito do estabelecimento da filiação, o Tribunal Europeu tem definido um conjunto de princípios guiados pela "consideração suprema" do melhor interesse da criança e que, conforme os interesses em conflito nos arestos, procuram um equilíbrio entre a "verdade biológica" e a "verdade sócio-afectiva".

Por outro lado ainda, relativamente à sócio-afectividade no seio das famílias recombinadas ou pluriparentais, apurámos que uma relação existente entre uma criança, filha de apenas um dos membros do casal, e o outro membro do casal pode ser qualificada como "vida familiar", por recurso ao critério da efectividade dos laços interpessoais ou ao critério da aparência de uma família, e concluímos igualmente que o superior interesse da criança pode determinar a prevalência da "parentalidade sócio-afectiva" sobre a "parentalidade biológica".

Já quanto às "relações sociais" que enlaçam o transexual operado e o filho biológico ou adoptivo do seu companheiro, observámos que podem ser qualificadas como familiares por aplicação dos mencionados critérios. E, apesar de o Tribunal aceitar identificar, neste âmbito, um "pai social", recusou, no caso que analisámos, reconhecê-lo como "pai jurídico" e atribuir-lhe o exercício das responsabilidades parentais sobre o filho da companheira. Não obstante, os desenvolvimentos trazidos pelos *Casos Christine Goodwin e I.* fazem-nos adivinhar uma revisão desta postura, pelo que nos resta aguardar pela regulamentação futura destas "relações familiares sociais".

Vimos igualmente que, no que toca à concessão de exercício das responsabilidades parentais, um casal homossexual não pode, no entender da Comissão, ser equiparado a um casal heterossexual. Julgamos, pois, que a falta de "denominador comum" sobre esta temática impedirá o Tribunal Europeu – ainda que as recentes decisões revelem uma posição sobejamente compassiva da causa homossexual – de aceitar reconhecer e regular este tipo de relações sócio-afectivas, pelo menos até que se divise um consenso entre o conjunto dos Estados membros.

Por fim, no que respeita ao nosso ordenamento, observámos que o Direito da Filiação Português ergueu o princípio da não discriminação no domínio da filiação sobre os dados objectivos da Biologia, pelo que dificilmente virá a destroná-la e a aceitar este novo critério sócio-afectivo como critério de vinculação familiar, com prevalência sobre os demais.

Não obstante, como referimos, sem depor ou sacrificar o critério biológico, consideramos que, atendendo às novas constelações familiares que assomam no horizonte social português e às referidas mutações sócio-culturais, cumpre ao legislador luso atentar na figura da "parentalidade sócio-afectiva" e prover à sua tutela.

Entre as diversas frentes que poderia assumir a reforma, entendemos que se poderiam, desde logo, alçar restrições à impugnação da paternidade na hipótese de existir consolidada e comprovada "posse de estado" de filho. Por outra via, não despicienda seria igualmente a previsão da possibilidade de concessão do exercício das responsabilidades parentais ao pai sócio-afectivo no âmbito de uma família recombinada ou pluriparental ou mesmo do reconhecimento de um direito de visita na hipótese de ruptura entre o pai/mãe sócio-afectivo(a) e o pai/mãe biológico(a) ou adoptivo(a). No capítulo da transexualidade, considerando a *volte face* produzida pelos *Casos Christine Goodwin e I.*, não só é imperioso que o legislador luso preveja primeiramente o reconhecimento jurídico da nova identidade sexual do transexual operado para se colocar em conformidade com os ditames da Convenção de Roma[123], como também poderá, no nosso entender, contemplar a possibilidade de atribuir o exercício das responsabilidades parentais a este tipo de pai sócio-afectivo, aliás em consonância com o que prevemos que venha a ser a orientação jurisprudencial do Tribunal de Estrasburgo. Relativamente às relações sócio-afectivas emergentes no âmbito das famílias homossexuais, parece-nos difícil que o legislador luso ouse, para já, reconhecê-las e regulamentá-las. Deduzimos esta conclusão, por maioria de razão, da opção legislativa tomada recentemente na Lei n.º 9/2010, de 31 de Maio, na qual o legislador civilista acolhe no âmbito do ordenamento jurídico português o casamento entre parceiros do

---

[123] Refira-se o veto do Presidente da República português ao Decreto da Assembleia n.º 68/XI, 2.ª sessão legislativa, que criava procedimento que permitia às pessoas transexuais a mudança de sexo e de nome próprio no registo civil.

mesmo sexo, mas exclui expressamente deste ordenamento a admissibilidade da "adopção, em qualquer das suas modalidades, por pessoas casadas com cônjuge do mesmo sexo"[124]. Auguramos que, à semelhança do que sucede em Estrasburgo, o legislador luso aguarde por uma maior consensualidade sobre o tema entre os ordenamentos jurídicos europeus para depois se pronunciar sobre esta ainda turva temática.

Na expectativa de ter chamado a atenção para a necessidade de tutelar as relações familiares "sócio-afectivas" e de temperar o "biologismo" do Direito da Filiação Português, aqui deixamos este contributo.

---

[124] Ver art. 3.º da Lei n.º 9/2010, de 31 de Maio.

BIBLIOGRAFIA

ALMEIDA, Susana, *O respeito pela vida (privada e) familiar na jurisprudência do Tribunal Europeu dos Direitos do Homem: a tutela das novas formas de família*, Coimbra, Coimbra Editora, 2008.

ALONSO PÉREZ, Mariano, "La familia entre el pasado y la modernidad. Reflexiones a la luz del Derecho Civil", in: *Actualidad Civil*, 1998-I, pp. 1-29.

ARRIAGA IRABURU, Inés, *El derecho a la vida familiar de los extranjeros en la jurisprudencia de Estrasburgo*, Pamplona, EUNSA, 2003.

BARRETO, Ireneu Cabral, *A Convenção Europeia dos Direitos do Homem Anotada*, Coimbra, Coimbra Editora, 2010.

BARRETO, Ireneu Cabral, "A jurisprudência do novo Tribunal Europeu dos Direitos do Homem", in: *Sub Judice – Direitos Humanos no Tribunal Europeu*, n.º 28, Abril/Setembro, 2004, pp. 9-32.

COELHO, Francisco Pereira / OLIVEIRA, Guilherme de, *Curso de Direito da Família*, vol. II, Tomo I, Coimbra, Coimbra Editora, 2006.

COELHO, Francisco Pereira / OLIVEIRA, Guilherme de, *Curso de Direito da Família*, vol. I *Introdução e Direito Matrimonial*, Coimbra, Coimbra Editora, 2003.

COHEN-JONATHAN, G., "Respect for private and family life", in: *The european system for the protection of human rights*, Macdonald, R. St. J., Matscher, F., Petzold, H. (ed.), Dordrecht, Boston, London, Martinus Nijhoff Publishers, 1993, pp. 405-444.

COHEN-JONATHAN, G., *La Convention européenne des droits de l'homme*, Economica, 1989

COLAÇO, Isabel Magalhães, "A Reforma de 1977 do Código Civil de 1966. Um olhar vinte e cinco anos depois", in: *Comemorações dos 35 anos do Código Civil e dos 25 anos da Reforma de 1977*, vol. I, Coimbra, Coimbra Editora, 2004, pp. 17-40.

DANELIUS, Hans, "Reflections on some important judgements of the European Court of Human Rights regarding family life", in: *Family Life and Human Rights*, Peter Lødrup, Eva Modvar (ed.), Oslo, Gyldendal, 2004, pp. 153-162.

DIAS, Maria Berenice, *Manual de Direito das Famílias*, São Paulo, Editora Revista dos Tribunais, 2007.

FACHIN, Rosana, "Do parentesco e da filiação", in: *Direito da Família e o novo Código Civil*, Maria Berenice Dias e Rodrigo da Cunha Pereira (Coords.), Belo Horizonte, Del Rey, 2003, pp. 133-150.

GAMA, Guilherme Calmon Nogueira da, "Das relações de parentesco", in: *Direito da Família e o novo Código Civil*, Maria Berenice Dias e Rodrigo da Cunha Pereira (Coords.), Belo Horizonte, Del Rey, 2003, pp. 101-131.

GEORGIN, Pascaline, "L'action en contestation de paternité au regard de l'article 8 de la Convention européenne des droits de l'homme", in: *Revue trimestrielle des droits de l'homme*, 7éme année, n.° 26, 1er Avril, 1996, 183-203.

GOMIEN, Donna, *Short guide to the European Convention on Human Rights*, Strasbourg, Council of Europe Publishing, 2005.

GRATALOUP, Sylvain, *L'enfant et sa famille dans les normes européennes*, Paris, L.G.D.J., 1998.

GRATALOUP, Sylvain, "Droit et liberté fondamentaux ; vie familiale; élément constitutif; couple; transsexuel; enfant; conception; insémination artificielle; lien familial; père; exclusion", in: *Recueil Dalloz*, Jurisprudence, 43er cahier, 4 Déc. 1997, pp. 583-587.

HÖRSTER, Heinrich Ewald, "Evoluções legislativas no Direito da Família depois da Reforma de 1977", in: *Comemorações dos 35 anos do Código Civil e dos 25 anos da Reforma de 1977*, vol. I, Coimbra, Coimbra Editora, 2004, pp. 59-74.

LEVINET, Michel, "Couple et vie familiale", in: *Le droit au respect de la vie familiale au sens de la Convention européenne des droits de l'homme*, Frédéric Sudre (dir.), Bruxelles, Nemesis, Bruylant, 2002, pp. 107-160.

LIDDY, Jane, "Current topic: the concept of family life under the ECHR", in: *EHRLR*, vol. 1, 1998, pp. 15-25.

LÔBO, Paulo Luiz Netto, "Princípio jurídico da afectividade na filiação", in: *A família na travessia do milénio. Anais do II Congresso Brasileiro de Direito da Família*, Belo Horizonte, IBDFAM, 2000, pp. 245-253.

MARGUÉNAUD, Jean-Pierre, "L'égalité des droits patrimoniaux de la famille", in: *Le droit au respect de la vie familiale au sens de la Convention européenne des droits de l'homme*, Frédéric Sudre (dir.), Bruxelles, Nemesis, Bruylant, 2002, pp. 335-351.

MAS, Montserrat Enrich, "A protecção dos menores no quadro da Convenção Europeia dos Direitos do Homem: análise de jurisprudência", in: *Infância e Juventude*, n.º 2, Abril – Junho 1990, pp. 59-81.

OLIVEIRA, Guilherme de, "O sangue, os afectos e a imitação da Natureza", in: *Lex familiae – Revista Portuguesa de Direito da Família*, n.º 10, 2008, pp. 5-16.

OLIVEIRA, Guilherme de, "Transformações do Direito da Família", in: *Comemorações dos 35 anos do Código Civil e dos 25 anos da Reforma de 1977*, vol. I, Coimbra, Coimbra Editora, 2004, pp.763-779.

OLIVEIRA, Guilherme de, *Estabelecimento da filiação*, Coimbra, Almedina, 2003.

OLIVEIRA, Guilherme de, "«Queremos amar-nos e não sabemos como!»", in: *Temas de Direito da Família*, Coimbra, Coimbra Editora, 2001, pp. 333-346.

PEREIRA, Rodrigo da Cunha, *Princípios fundamentais norteadores para o Direito de Família*, Belo Horizonte, DelRey, 2006.

PEREIRA, Rodrigo da Cunha, "Pai, por que me abandonaste?", in: *Direito de Família e Psicanálise. Rumo a uma nova epistemologia*,

Giselle Câmara Groeninga e Rodrigo da Cunha Pereira (Coords.), Rio de Janeiro, Imago, 2003, pp. 219-228.

PINTENS, Walter / PIGNOLET, Dominique, "L'influence de la Cour européenne des droits de l'homme sur le droit successoral", in: *Lex Familiae*, ano 2, n.° 4, Julho/Dezembro 2005, pp. 21-36.

PILLITU, Paola Anna, "La tutela della famiglia naturale nella convenzione europea dei diritti dell'uomo", in: *Rivista di diritto internazionale*, vol. LXXII, Fasc. 4, 1989, pp. 793-824

RIGAUX, François, "Les transsexuels devant la Cour européenne des droits de l'homme: Une suite d'occasions manquées. Observations. Cour européenne des droits de l'homme, Grande Chambre, 22.4.1997. Affaire X.Y.Z. c. le Royaume--Uni", in: *Revue trimestrielle des droits de l'homme*, 9éme année, n.° 33, 1er Janvier 1998, pp. 117-144.

RIGAUX, François, "Le droit successoral des enfants naturels devant le juge international et le juge constitutionnel", in: *Revue trimestrielle des droits de l'homme*, 3éme année, n.° 10, 1er Avril, 1992, pp. 211-225.

SCHUTTER, Olivier de / DROOGHENBROEK, Sébastien Van, *Droit international des droits de l'homme devant le juge national*, Bruxelles, Larcier, 1999.

SOTTOMAYOR, Maria Clara, "Adopção ou o direito ao afecto. Acórdão do Supremo Tribunal de Justiça de 30.11.2004, Rev. 04A3795", in: *Scientia Ivridica. Revista de Direito Comparado Português e Brasileiro*, Tomo LIV, n.° 301, Janeiro/Março 2005, pp. 115-137.

SOTTOMAYOR, Maria Clara, *Regulação do exercício do poder paternal nos casos de divórcio*, Coimbra, Almedina, 2002.

SOTTOMAYOR, Maria Clara, "Quem são os «verdadeiros» pais? Adopção plena de menor e oposição dos pais biológicos", in: *Direito e Justiça, Revista da Faculdade de Direito da Universidade Católica Portuguesa*, vol. XVI, Tomo 1, 2002, pp. 191-241.

SUDRE, Frédéric, *Droit européen et international des droits de l'homme*, Paris, Presses Universitaires de France, 2005.

SUDRE, Frédéric, "Rapport Introductif – La «construction» par le juge européen du droit au respect de la vie familiale", in: *Le droit au respect de la vie familiale au sens de la Convention européenne des droits de l'homme*, Frédéric Sudre (dir.), Bruxelles, Nemesis, Bruylant, 2002, pp. 11-54.

VARELA, Antunes, *Direito da Família*, 1.º vol., Lisboa, Livraria Petrony, Lda., 1999.

VELU, Jacques / ERGEC, Rusen, *La Convention européenne des droits de l'homme*, Bruxelles, Bruylant, 1990.

VILELLA, João Baptista, "A Desbiologização da Paternidade", in: *Revista da Faculdade de Direito da Universidade Federal de Minas Gerais*, Belo Horizonte, ano XXVII, n.º 21, 1979, pp. 401--419.

WACHSMANN, Patrick / MARIENBURG-WACHSMANN, Aluma, "La folie dans la loi: considérations critiques sur la nouvelle jurisprudence de la Cour européenne des droits de l'homme en matière de transsexualisme – en marge des arrêts Christine Goodwin c. le Royaume-Uni et I. c. le Royaume-Uni du 11 juillet 2002", in: *Revue trimestrielle des droits de l'homme*, 14ème année, n.º 56, 1er Octobre, 2003, pp. 1157-1183.

WELTER, Belmiro Pedro, "Inconstitucionalidade do Processo de Adoção Judicial", publicado em 25 de Setembro de 2005 e disponível para consulta em http://www.mundojuridico.adv.br/sis_artigos/artigos.asp?codigo=611

XAVIER, Rita Lobo, "Responsabilidades parentais no séc. XXI", in: *Lex familiae – Revista Portuguesa de Direito da Família*, n.º 10, 2008, pp. 17-23.

"FILIAÇÃO E PATERNIDADE SÓCIO-AFETIVA UM ESTUDO COMPARATIVO BRASIL-PORTUGAL. COLOCAÇÃO DO PROBLEMA NO ORDENAMENTO JURÍDICO BRASILEIRO"

Zamira de Assis[1]

SUMÁRIO: Introdução. **Parte I**. Filiação nos textos das leis. 1.1 Ordenações Filipinas. 1.2 Código Civil Português de 1866 e Código Civil dos Estados Unidos do Brasil de 1916. 1.3 Família e Filiação nas Constituições Brasileiras anteriores a 1988. 1.4 O Código Brasileiro do século XXI. **Parte II**. 2.1 A Constituição Federal de 1988 e o novo paradigma da Família. 2.2 A Posse do Estado de Filho e a Sócio-afetividade. 2.3 A Posse do Estado de Filho nos Tribunais Brasileiros. 2.3.1 "Adoção Póstuma": ser "criado como filho" e sócio-afetividade. 2.2.2 "Adoção à Brasileira". 3. Multiparentalidade *x* Direito de desvendar a origem genética. 3.1 Multiparentalidade – direito da personalidade sem vínculo de filiação. 3.2 Multiparentalidade – direito da personalidade com vínculo de filiação. 4. Afetividade e Sócio-afetividade (a guisa de conclusão).

PALAVRAS-CHAVE: Filiação – Paternidade – Sócio-afetividade

---

[1] A autora é Professora de Direito Civil e Pesquisadora da Pontifícia Universidade Católica de Minas Gerais – PUC Minas – Brasil e Advogada.

Introdução

Filiação e Paternidade Sócio-Afetiva são as temáticas nucleares do Direito de Família na modernidade, a primeira, por representar a idéia básica da família atrai para si uma relação com o futuro, um sentido de continuação da vida e renovação da sociedade e, a segunda, a sócio-afetividade, por ter se erigido como fator de constituição da primeira: do *status* de filiação.

As implicações jurídicas da sócio-afetividade na família é tema emergencial nos cenários sul-americano e europeu. Com efeito, no Brasil, a vigente Constituição Federal de 1988 (Título VIII, Capítulo VII) disciplinou a família fundada nos princípios da *dignidade da pessoa humana e da paternidade responsável*, e com isso instituiu o padrão de licitude a que se devem adequar as demais leis infra-constitucionais e as decisões dos Tribunais (de primeira e segunda instâncias).

A vigente Constituição Portuguesa de 1976 determina, em seu artigo 68, n.° 2 que a *maternidade e a paternidade constituem valores sociais eminentes* e, num contexto ainda mais amplo, de supranacionalidade, insere-se na órbita dos Textos Fundamentais da União Européia e das Comunidades Européias que contém previsões protetivas da família, da paternidade e da filiação.

Um estudo comparativo dessa temática no direito das duas nações ganha especial importância se atentarmos para o fato de que, passado o período colonial quando se tinha uma ordem jurídica única nos dois continentes, foi o Direito Português que determinou as bases da formação jurídica Brasileira nos primeiros anos do século passado, seja no que diz respeito à formação cultural dos estadistas da época, seja porque o corpo docente dos primeiros cursos jurídicos do Brasil, já independente de Portugal, era formado por professores portugueses[2]. Esse legado não desapareceria simplesmente com a desvinculação Brasileira da coroa Portuguesa que já havia então fincado estruturas sociais e institucionais que até hoje não se extinguiram, posto tenham passado pelas transformações próprias de uma sociedade intelectualmente emancipada e politicamente soberana.

De entre outras razões que poderiam ser mencionadas sobreleva notar que a temática do Direito de Família, em especial os vínculos paterno-filiais numa sociedade globalizada e balizada pelos valores da liberdade e da igualdade, ultrapassam barreiras territoriais para serem considerados como direitos da personalidade e, por isso mesmo, direitos fundamentais do ser humano, devendo representar a pauta de preocupação da comunidade científica em geral e dos Estados em particular.

Forçoso reconhecer que o Direito de Família adentrou o século XXI rompendo com a pregnância moral das relações filiais inserta nas primeiras codificações e Constituições de diversos países[3], reduzindo lentamente a total mar-

---

[2] Sobre o assunto: SCHARCZ, Lilia Moritz. O Espetáculo das Raças. Cientistas, Instituições e Questão Racial no Brasil 1870-1930. São Paulo: Cia. Das Letras, 1993, e, CRISTIANI, Cláudio Valentim. O Direito no Brasil Colonial. *In:* WOLKMER, António Carlos (org.), Fundamentos de História do Direito. Belo Horizonte: Del Rey, 2005, cap. 13, p. 295-309.

[3] No Brasil, as Constituições de 1934, 1946 e 1967 dispunham expressamente sobre a indissolublidade do casamento, sem mencionar questões referentes a filiação.

ginalidade social dos filhos havidos fora do casamento para conduzi-los a uma situação jurídica mais adequada com os princípios que afirmam e garantem uma condição humana digna.

Com efeito, por vários séculos, no Brasil assim como em outras sociedades ocidentais, o casamento serviu como marco divisório da legitimidade da filiação. A baliza da moral social por muito tempo em vigor visava, de um só golpe, disciplinar a sexualidade (principalmente por meio da imposição de castidade/fidelidade à mulher[4]), e proteger, por políticas de conveniência, o patrimônio do *pater*.

Na execução dessa reflexão moral, ao nascer, a pessoa recebia uma ordem classificatória de sua filiação que variava conforme a conduta moral de seus progenitores no ato da concepção. A atitude dos pais contrária aos ditames morais e legais vigentes determinaria a inclusão ou exclusão social e patrimonial dos filhos por força de lei. Seriam eles naturais, espúrios adulterinos ou espúrios incestuosos, legítimos, ilegítimos ou legitimados. Essa carga verbal, moral e jurídica que os condenava a privação de direitos já no nascimento, também os acompanhava por toda a vida.

---

[4] Mais sobre a domesticação da mulher no ambiente doméstico HESPANHA (2010: 128/129): *"A subalternização da esposa tinha uma lógica totalitária no ambiente doméstico. Começava logo nos aspectos mais íntimos das relações entre os cônjuges. Assim, na consumação carnal do casamento. Já que se entendia que a perfeição do acto sexual se dava com o orgasmo do homem, sendo dispensável o da mulher"*. E ainda, ARAÚJO (2008: 45) *"A todo-poderosa Igreja exercia forte pressão sobre o adestramento da sexualidade feminina. O fundamento escolhido para justificar a repressão da mulher era simples: o homem era superior, e portanto cabia a ele exercer a autoridade."*

A constituição da família unicamente pelo casamento e a instituição desta como base da sociedade, entendia o "amor conjugal" dentro de um esquema rigidamente definido como social, moral e juridicamente válido; esse esquema não questionava o fato da exclusão de um descendente biológico (quando sua existência no meio da família e, portanto, do amor parental, não fosse validada pela obediência a ordem moral e legal do matrimônio), ser ou não um tratamento digno.

Esse quadro começa a mudar em fins do século XX e início do século XXI com as revoluções sociais que despontaram em todas as vertentes do mundo da vida, descortinando as novas concepções da família e da pessoa de cada um de seus componentes, e ainda mesmo de sua própria composição. A sólida barreira legalista da filiação que fazia recair sobre os filhos a responsabilidade pela conduta sexual dos seus genitores finalmente cedeu frente a princípios insculpidos nas Convenções Internacionais de Direitos e nas Cartas Constitucionais que projetaram a dignidade da pessoa humana e a proteção à criança e ao adolescente acima dos interesses ditados pela moral convencional.

Mas como todo corte epistemológico e teórico, este não se faz de forma tranqüila e muito menos harmônica nas diversas instâncias decisórias da sociedade. As relações de ordem familiar envolvem nuanças que não se podem prender a um padrão de comportamento moral rígido exatamente pelo seu viés emocional e imprevisível, e seu componente mais precioso: a liberdade. A forma como cada pessoa planeja sua existência, os arranjos sexuais que permite para si, a organização da vida íntima e as concepções de realização pessoal desafiam constantemente a pretensão jurídica de institucionalização da família em um padrão oficial, em especial quando visa criar (ou impor) condições de estabilidade aos grupos familiares. Ao lado dessa constatação, é ainda forçoso convir que essas regras jurídicas pouco interessam às pessoas em suas rotinas ordinárias que, no mais das vezes, só se dão conta delas quando é necessário obter um pronunciamento do Estado, seja para solver um litígio (dissolução da união, direitos sucessórios ou referentes ao direito a alimentos), seja para fins previdenciários ou securitários.

Sem advogar uma tese continuísta do direito de família[5], este artigo tem início com um olhar sobre o passado. Tratou-se na primeira parte de apresentar uma abordagem do direito positivo vigente no Brasil e em Portugal desde as Ordenações do Reino passando pela primeira Codificação Civil dos dois países. Essa abordagem do passado tem como objetivo apresentar ao leitor uma visão, ainda que panorâmica, do tratamento legal discriminatório que era dedicado à filiação no século passado, ao mesmo tempo

---

[5] Sobre a ideia de evolucionismo no "direito penal" escreve SABADELL (2002: p. 265-288) tratar-se de uma ideia arraigada na cultura e na linguagem moderna, mas que é totalmente contrária às exigências metodológicas do estudo histórico, já que examina o passado através da lente do presente, e que só se justifica *"na sua função política: o evolucionismo constitui o troféu de legitimidade dado às escolhas do presente: o melhor sistema jurídico é o do homem contemporâneo!"*. Essa refutação é perfeitamente aplicável ao Direito de Família, estudado quase que sistematicamente num contexto de "desenvolvimento" histórico, como se o tratamento da filiação tivesse se modernizado quando, segundo pensamos, as convenções sociais e jurídicas do passado vêm sucumbindo aos poucos face a força da liberdade conquistada pelas novas gerações. Não se apresentam como modernizadas, mas sim como ultrapassadas, vencidas pela principiologia do direito democrático.

em que permite dimensionar melhor a radical transformação do Direito de Família e da moral social em matéria de filiação que será objeto da segunda parte da exposição.

Divide-se assim em duas partes: na primeira é apresentada em linhas gerais a ordem jurídica em matéria de família e filiação no Brasil Império e Colônia, quando vigentes as Ordenações Reinícolas de Portugal, passando pela primeira Codificação do Direito Civil no Brasil, apontando em alguns momentos uma comparação com o Direito Português.

Na segunda parte que intitulamos de "Filiação no Contexto Sócio-Jurídico do Século XXI" abordaremos as disposições legais vigentes e algumas das mais significativas posições adotadas por Tribunais Brasileiros, em especial sobre a temática da sócio-afetividade como critério de estabelecimento do estado de filiação.

Entendemos não ser cabível no âmbito de um despretensioso artigo a análise simultânea da filiação materna e paterna, razão pela qual trataremos apenas da filiação paterna. Igualmente confessamos uma limitação que a própria temática impõe: abordaremos apenas algumas dimensões da sócio-afetividade como critério de instituição da filiação, sendo elas: *i)* a posse do estado de filho, *ii)* a "adoção à brasileira" e, *iii)* a multiparentalidade.

Existem outras importantes dimensões da sócioafetividade na temática da filiação, tais como a adoção, a família monoparental, a recombinação familiar, as novas técnicas de fertilização ou reprodução assistida, que serão relegadas a outra oportunidade, devido à extensão de inferências que essas reflexões suscitam. Adverte-se também que a segunda parte do artigo limita-se a abordagem do assunto no Direito Brasileiro.

PARTE 1
PASSADO – FILIAÇÃO NOS TEXTOS DAS LEIS

1.1. Ordenações Filipinas

As legislações vigentes no passado em matéria de Direito de Família bem podem ser condensadas em uma expressão: *luta contra a indisciplina dos costumes.* Tratava-se de uma luta travada em várias frentes: higienista[6], religiosa e jurídica, cada qual fornecendo os subsídios necessários para que a família, sob a direção do *pater,* cumprisse sua função política e, sobretudo, moral.

Essa função estampava-se, no Brasil e em Portugal, na vigência das Ordenações do Reino, sendo as últimas delas, as Filipinas, mandadas observar quando reinava Felipe II em 1602[7]. É do Livro IV, nos Títulos XCII e XCIII, que

---

[6] Em: "A História das Mulheres no Brasil" encontramos excelentes pesquisas baseadas em documentos históricos acerca do tratamento físico e psíquico reservado às mulheres entre os séculos XVI e XVII no Brasil. Sob o título "Magia e Medicina na Colônia: o corpo feminino", Mary Del Priore denúncia que: *"Além de investir em conceitos que subestimavam o corpo feminino, a ciência médica passou a perseguir as mulheres que possuíam conhecimento sobre como tratar o próprio corpo. (...) Era também a crença na origem sobrenatural da doença que levava tais mulheres a recorrer a expedientes sobrenaturais; mas essa atitude acabou deixando-as na mira da Igreja, que as via como feiticeiras capazes de detectar e debelar as manifestações de Satã nos corpos adoentados. Isso mesmo quando elas estavam apenas substituindo os médicos, que não alcançavam os longínquos rincões da colónia".* (DEL PRIORE, 2008: 81).

[7] A Lei de 20.10.1823 mandou que se observasse no Brasil as Ordenações Filipinas, publicadas em 1603 e confirmadas pela lei de 29 de Janeiro de 1643, enquanto não se organizasse um novo Código Civil.

trata dos direitos sucessórios, que se pode inferir o tratamento da filiação por essa época. Duas eram as formas de discriminações instituídas por essa norma jurídica: quanto a legitimidade da descendência e quanto a classe social dos pais.

No primeiro caso, distinguiam-se os filhos naturais dos filhos legítimos. A legitimidade do filho era dada pelo casamento; naturais eram os filhos resultantes do *ajuntamento* do homem com alguma mulher solteira, podendo ser mais de uma. Tivesse ele uma só mulher e o relacionamento era tido como mancebia ou concubinato, merecendo o favor da lei em consideração da prole, pois essa união singular não era tida como *escandalosa* ou *devassa*.

Mas se houvesse impedimento para que os progenitores contraíssem matrimônio, o filho entraria para a classe dos ilegítimos. A ilegitimidade por sua vez subdividia-se em

---

Esse aproveitamento do corpo de leis vigentes em Portugal se deveu à precária organização político-legislativa do Brasil recém independente em 1822. Vigeu por tempo indesejavelmente longo em matéria civil, precisamente até 1917 quando entrou em vigor o primeiro Código Civil (antes dele o Código Comercial de 1850, e o Código Criminal do Império do Brasil em 1830). Deve sobretudo ser observado que por essa época o Brasil contava com pouco mais de setecentos mil habitantes, contingente que só veio a crescer expressivamente a partir de 1800 quando teve início o "ciclo do ouro". Logo em 1872 o Brasil tinha uma população total de 10.112.061 habitantes. Desses, 1.012.097 eram homens livres e 550.981 mulheres livres. (BRAZIL, Diretoria Geral de Estatística. Recenseamento da população do Império do Brazil a que se procedeu no dia 1.º de agosto de 1872. 21v. In 22. Rio de Janeiro, Typ. Leuzinger, 1873-76. XXI (Quadros Gerais) *apud* HAHNER, June E. A Mulher Brasileira e Suas Lutas Sociais e Políticas: 1850-1937. São Paulo: Editora Brasiliense, 1981, p. 32).

incestuosa, sacrílega ou adulterina conforme ao tempo da concepção estivesse presente alguma das restrições seguintes: *i)* impedimento de parentesco em grau proibido, denominando-se os filhos *incestuosos*; *ii)* impedimento resultante de investidura de ordens sacras maiores ou de entrada em ordem religiosa aprovada, classificando-se os filhos como *sacrílegos*[8]; *iii)* impedimento de vínculo matrimonial, chamando-se os filhos de *adulterinos*.

No segundo caso a distinção incidia sobre a classe social do progenitor para dar ou negar efeitos sucessórios aos filhos naturais. Assim, caso se tratasse de homem solteiro "peão", ou seja, plebeu, seus filhos naturais concorriam à herança com os filhos legítimos em igualdade de condições. E se não houvesse filhos legítimos, os naturais herdariam toda a herança de seu pai. Esse direito estendia-se aos filhos havidos com escravas, se esses fossem alforriados por ocasião da morte do pai.

---

[8] "Com frequência chegavam a Lisboa queixas e protestos pela vida pecaminosa em Ouro Preto, Sabará, São João d'El Rei, Ribeirão do Carmo e todo o turbulento distrito mineiro. As fortunas se faziam e se desfaziam num abrir e fechar de olhos. O padre Antonil denunciava que sobravam mineiros dispostos a pagar uma fortuna por um negro que tocasse bem trombeta e o dobro por uma prostituta mulata, "para entregar-se com ela a contínuos e escandalosos pecados", porém os homens de batina não se portavam melhor: da correspondência oficial da época podem extrair-se numerosos testemunhos contra os "maus clérigos" que infestavam a região. Se lhes acusava de fazer uso de sua imunidade para retirar ouro de contrabando dentro de pequenas efígies dos santos de madeira. Em 1705, afirmava-se que não havia em Minas Gerais nem um só cura disposto a interessar-se na fé cristã do povo, e seis anos depois a Coroa chegou a proibir o estabelecimento de qualquer ordem religiosa no distrito mineiro. (GALEANO. s/d: 38).

Mas se tais filhos nascessem de pai "Cavaleiro" ou "Escudeiro" ou de outra condição social que não fosse a de peão, seus filhos naturais não o sucederiam, ainda que não houvessem descendentes legítimos ou ascendentes. Falecendo sem deixar testamento, no qual poderia beneficiar o filho natural se quisesse, herdariam os "parentes mais chegados e não os naturais" na redação dessa Ordenação Reínicola.

No Brasil, essa massa jurídica de alto teor discriminatório foi sendo remodelada em fins do século XIX e início do século XX por sucessivas reformas legislativas, tendo vista dois aspectos que maior preocupação causavam à época: o direito a alimentos[9] e os direitos sucessórios dos filhos ilegítimos[10]. No entanto, as leis que trouxeram alguma prerrogativa ao filho espúrio mais protegiam a filiação legítima do que propriamente a ilegítima, estando

---

[9] A possibilidade de pedir alimentos significou a primeira concessão legal em favor dos filhos ilegítimos, em especial os adulterinos. Tal conquista se justificou pelo espírito cristão da caridade e foi primeiro esculpido no Direito Canónico sendo trasladado para as Ordenações Filipinas (Livro IV, Título II, §1.º), sob a forma de permissão à mãe de recobrar do pai os gastos feitos com o filho nos três primeiros anos de vida. A mesma regra foi depois inserida na Consolidação das Leis Civis de Teixeira de Freitas (arts. 219 a 222).

[10] O Decreto da Regência de 11 de Agosto de 1831 concedia aos filhos ilegítimos de qualquer espécie serem instituídos herdeiros por seus pais por testamento, se e somente se, não houvessem herdeiros necessários. O Decreto n.º 181 de 24 de Janeiro de 1890, secularizou e regulamentou o casamento civil, e ampliou os meios de prova da filiação natural, admitindo que o reconhecimento fosse feito por confissão espontânea, escritura pública, no termo de nascimento ou outro documento autêntico.

muito longe ainda a idéia de compor padrões normativos voltados para o cuidado e proteção da prole qualquer que fosse a sua origem.

Seria mesmo desarrazoado pretender que, numa sociedade marcada pela aliança do discurso jurídico com o discurso religioso do casamento como único meio legítimo de constituição da família, sociedade estratificada pelo colonialismo baseado no trabalho escravo, crianças ou adolescentes frutos de relações consideradas *ilícitas* merecessem atenção especial.

A convivência afetiva entre o casal e entre estes e seus filhos precisava da chancela sacramental do matrimonio, sem ela, admitia-se hipocritamente que o filho fosse enjeitado para ser acolhido pelas Santas Casas[11].

1.2. Código Civil Português de 1866 e Código Civil dos Estados Unidos do Brasil de 1916

As Ordenações Filipinas tiveram extraordinária vitalidade em solo brasileiro, mais do que em terras lusitanas.

---

[11] Hipócrita porque a sociedade condenava a ilicitude do nascimento mas contava com todo um aparato para receber o abandonado – as chamadas "rodas dos expostos" – criando-se um verdadeiro sistema de *abandono civilizado*. No Brasil Colônia eram muitos os casos de abandono dos filhos, tanto nas famílias abastadas quanto nas miseráveis. Os motivos é que se diversificavam: enquanto nas primeiras protegia-se a honra da mulher que violasse os padrões morais e religiosos, na segunda a fome e a pobreza é que provocavam o abandono, assim informa DEL PRIORE (1989, p. 48): "*No século XVIII, houve um crescimento da população livre e pobre e junto com ele o abandono de crianças, ao desamparo pelas ruas e lugares imundos, segundo os Anais do Rio de Janeiro de 1840.*"

Já em 1867, Portugal organizara o seu Código Civil rendendo-se às idéias liberais do começo do século XX, ao passo que no Brasil, territorialmente mais distante da influência codificadora que se iniciava na Europa, as Ordenações sobreviveram por vinte e cinco anos em regime republicano, fato registrado por Orlando Gomes no Brasil e Braga da Cruz em Portugal[12].

---

[12] Segundo GOMES (2003) «*Verificou-se nessa época a "diversificação evolutiva das instituições jurídico-privadas de Portugal e do Brasil". Até então a história jurídica dos dois povos fora comum. Daí por diante, bifurca-se. O Brasil permanece fiel à tradição, enquanto Portugal se deixa influir pelas idéias francesas, a ponto de consagrar inovações chocantes no seu Código de 1867. É que a estrutura social do Brasil, nessa época, não comportava essa influencia alienígena. Sobre o vasto Império projetavam-se os tentáculos da sociedade colonial baseada no trabalho escravo. Embora se fizesse sentir a necessidade de reformar a legislação civil, mediante a elaboração de um Código que, por disposição constitucional, devera ser fundado nas sólidas bases da Justiça e da Equidade, malograram, no Império, três tentativas de codificação: a de Teixeira de Freitas (1859), a de Nabuco Araújo (1872) e a de Felício dos Santos (1881). À circunstância de não ter sido elaborado o Código Civil pátrio no século XIX deve ter concorrido para a preservação, em maior escala, da tradição jurídica lusitana.*». E, BRAGA DA CRUZ (2002) relata que: «*Portugal viveu, durante algumas décadas, uma grande desorientação durante a qual as reformas se sucediam um pouco ao sabor dos acontecimentos: foi notório o irrequietismo dos jurisconsultos portugueses. Pelo contrário, afastado pelo oceano Atlântico, o Brasil não viveu tão intensamente essa agitação política e, por isso, algumas instituições jurídico-privadas puderam evoluir diferentemente. Na verdade, sem a febre de inovações por vezes precipitadas, o Brasil pôde conservar um sistema jurídico-privado muito mais próximo da tradição portuguesa e mais liberto de influências estrangeiras. Bastará recordar que as Ordenações Filipinas continuaram aí em vigor por força da Lei de 20 de Outubro de 1823; e a sua vigência só cessou em 1 de janeiro de 1917, data em que entrou em vigor o Código Civil brasileiro promulgado em 1916. E vigoraram sem grandes abalos, até porque aquela Lei impediu a aplicação das reformas que o liberalismo introduziu em Portugal*».

Apesar dos doutrinadores brasileiro e português serem acordes sobre haver benefício no fato do Brasil se distanciar dos movimentos de reforma européia do século XX, fato é que nenhum dos dois ordenamentos jurídicos logrou salvar a filiação extramatrinomial do limbo da ilegitimidade.

Os cinqüenta anos que separam o primeiro Código Civil Português (1866, vigência a partir de 1867) do primeiro Código Civil Brasileiro (1916, vigência a partir de 1917), não implicaram em diferenças significativas no tratamento da filiação nos dois estatutos, nem em afastamento do conservadorismo na representação social da família presente em ambos.

No que diz respeito à distribuição da matéria, as Codificações Portuguesa e Brasileira adotaram sistemáticas diferentes: enquanto no Código Português o casamento e a filiação foram tratados em Livros distintos (a filiação no Livro I, Capítulo IX e o casamento, compreendido como uma forma especial de contratar, no Livro II sob a nomenclatura "Dos Direitos que se Adquirem por Facto Próprio e de Outrem Conjuntamente" – Título II, Capítulo I[13]), o Código Civil Brasileiro inaugurou a Parte Especial – Livro I – sob a nomenclatura "Do Direito de Família", para disciplinar o Casamento e as Relações de Parentesco. No que se refere ao conteúdo, no entanto, a direção normativa é em tudo semelhante.

Com efeito, na Lei Portuguesa *"são havidos por legítimos os filhos nascidos de matrimonio legitimamente contrahido"* (art. 101.º),

---

[13] Código Civil Português de 1866, art. 1.056: *"O Casamento é um contracto perpétuo feito entre duas pessoas de sexo diferente, com o fim de constituírem legitimamente a família."*

e legitimados os nascidos antes do casamento dos progenitores (art. 119.º). Admitia-se a perfilhação dos filhos nascidos fora do casamento desde que não se classificassem como adulterinos ou incestuosos (art. 122.º). A investigação da paternidade ilegítima era proibida (art. 130.º), com as exceções extremas apontadas no mesmo artigo, quais sejam: *1)* Existindo escrito do pai em que expressamente declare a sua paternidade, *2)* achando-se o filho em posse de estado e, *3)* em decorrência de estupro violento ou de rapto, coincidindo a época do nascimento com a época do fato criminoso.

Aqueles cuja perfilhação era negada eram nominados de espúrios (art. 134.º), mas era-lhes consentido requerer alimentos (art.135.º), embora, por disposição expressa de lei, em tudo o mais, fossem havidos *"por inteiramente estranhos aos pais e à família destes"*.

Assim como o Código Lusitano, no Código Brasileiro é pelo casamento que se cria a família legítima, legitimando os filhos comuns nascidos ou concebidos antes ou depois das núpcias (art. 229), tal instituição era estendida às demais relações de parentesco pela norma do artigo 332, que dispunha que *"o parentesco é legítimo ou ilegítimo, segundo procedesse ou não de casamento (...)"*.

Para os efeitos sucessórios, aos filhos legítimos se equiparavam os legitimados, os naturais reconhecidos e os adotivos (art. 1.605), porém, havendo filho legítimo ou legitimado, o filho natural reconhecido na constância do casamento tinha direito apenas à metade do que coubesse ao legítimo.

A filiação espúria, assim reconhecida por sentença ou declarada pelo pai por confissão ou outra declaração escrita, embora fizesse certa a paternidade, produzia efeitos jurídicos somente para prestação de alimentos, assim mesmo, nos estreitos limites da primeira redação do Código Civil Brasileiro de 1916, ao prever a possibilidade legal de investigação de paternidade (arts. 363 e 405)[14-15]. Na lei brasileira dessa época os filhos incestuosos e os adulterinos não poderiam ser reconhecidos, por expressa vedação do artigo 358, redação que só foi revogada pela Lei n.º 7.841, de 17.10.1989[16], embora já não tivesse qual-

---

[14] Art. 363. Os filhos ilegítimos de pessoas que não caibam no art. 183, I a VI, têm ação contra os pais, ou seus herdeiros, para demandar o reconhecimento da filiação: I – se ao tempo da concepção a mãe estava concubinada com o pretendido pai; II – se a concepção do filho reclamante coincidiu com o rapto da mãe pelo suposto pai, ou suas relações sexuais com ela; III – se existir escrito daquele a quem se atribui a paternidade, reconhecendo-a expressamente. Art. 405. O casamento, embora nulo, e a filiação espúria, provada quer por sentença irrecorrível, não provocada pelo filho, quer por confissão, ou declaração escrita do pai, fazem certa a paternidade, somente para o efeito da prestação de alimentos.

[15] A subsistência dos filhos naturais foi preocupação, primeiro das Caixas de Aposentadoria. Em 1923 o Decreto n.º 4.682 que regulamentava a Caixa de Aposentadoria e Pensões dos Empregados das Empresas de Estradas de Ferro limitava o pagamento de pensão no caso de morte do segurado à ordem de vocação hereditária legal, mas por volta de 1930 essa situação começa a se alterar para inclusão dos filhos naturais dentre os beneficiários pessoas que vivessem na dependência económica do segurado [*v.g.* Decreto 20.485 de 1931 que reformou a Caixa de Aposentadorias e Pensões (art. 31, §1.º), Decreto 22.872 de 1933 que tratou da Aposentadoria e Pensões dos Marítimos (art. 55, 2.º)), Decreto 24.273 de 1934 que tratou da Aposentadoria dos Comerciários (art. 13, 2.º)e Decreto 24.615 de 1934 que tratou da Aposentadoria e Pensões dos Bancários (art. 10, 2.º)].

[16] O artigo em questão já era tido por revogado em razão da Lei 883 de 21.10.1949 que dispôs sobre o reconhecimento de filhos ilegítimos, possível quando dissolvida a sociedade conjugal.

quer aplicação desde 1.º de outubro de 1988 com a promulgação da Constituição Federal 1988.

Quanto ao reconhecimento dos filhos adulterinos viu-se à época a possibilidade de fazer algumas concessões, atentando para o caso dos filhos havidos depois do desquite, seja filho do desquitado com outra mulher que não aquela da qual se desquitara, seja com a própria mulher de quem se desquitara. Qualquer que fosse o caso tratar-se-ia de filho "natural" uma vez que sua concepção se dera fora do casamento.

O conservadorismo da época e o indescritível receio de legitimar tais situações resultaram no Decreto-lei 4.737 de 1942, que permitia ao filho daquele que tivesse dissolvido a sociedade conjugal pelo desquite investigar a paternidade, mas não o permitia se a sociedade conjugal do pai tivesse sido extinta pela morte. Tal situação somente foi revista com a promulgação da Lei 883 de 21.10.1949 que dispôs sobre o reconhecimento de filhos ilegítimos, possível quando dissolvida a sociedade conjugal em qualquer caso e, de quebra, igualou o direito sucessório de tais filhos (art. 2.º. *Qualquer que seja a natureza da filiação, o direito herança será reconhecido em igualdade de condições*), e proibiu qualquer referência à filiação ilegítima no registro civil, mandando, contudo, que fosse feita remissão à essa Lei (o que era o mesmo que atestar a ilegitimidade da filiação). Os filhos incestuosos permaneceram na clandestinidade das relações de parentesco paternas.

Como se vê, o Direito de Família no texto das primeiras codificações de Brasil e de Portugal concedeu uma maior sobrevida ao Código Filipino ao manter a tipologia da filiação confinada no modelo autoritário da família. No caso brasileiro, o primeiro Código Civil foi ainda menos liberal que a legislação Filipina que permitia o reconhecimento dos espúrios (Ord. 1, 35, 12). A pretensa modernização das idéias jurídicas que guiou a iniciativa da codificação não alterou a concepção unitária e patriarcal da família, por onde se continuava a exercer dominação política pelo viés da imposição moral.

E mesmo aqueles que, posto reconhecessem a injustiça de se negar o reconhecimento dos filhos espúrios, não conseguiam se afastar da sacralidade que só o casamento era capaz de conferir à formação familiar. Cite-se o condutor do Projeto de Lei que resultou no Código Civil, Clovis Bevilaqua que, ao comentar o art. 358 do Código Civil de 1916, que proibia o reconhecimento dos filhos incestuosos e os adulterinos, lamentava a decisão legislativa a qual, segundo ele, faltava justificativa *"perante a razão e a moral"* (1976:805), porém, em comentário ao artigo 229 que dispunha que pelo casamento é que se cria a família legítima legitimando os filhos comuns, o mesmo Bevilaqua salienta a necessidade de *"reprimir as paixões"* e disciplinar as *"necessidades fisiológicas"* pelo direito[17].

Esse estado de coisas perdurou por mais de meio século no Brasil. Foram muitos os debates travados no Parlamento

---

[17] Segundo Bevilaqua:"*O primeiro effeito, que o Codigo atribue ao casamento, é a legitimidade da família. Sob o ponto de vista social, da organização da vida humana sob a direcção da ethica, é, realmente, este o objectivo que tem a lei, regulando a união dos sexos, depurando os sentimentos, reprimindo as paixões, providenciando sobre o futuro da prole, cercando de respeito a família, sobre a qual repousa a sociedade civil. É a intervenção do direito, na sua funcção orgânica e santificadora, que differencia a família legítima, da natural, e de quaesquer agrupamentos inconsistentes ou ephemeros, que as mesmas necessidade physiologicas reúnem e dissolvem.*" (1976: 579).

Brasileiro, senão para alterar ao menos para se tentar reduzir a distância na forma de amparar os filhos ilegítimos, situação que só foi alcançada com a Constituição democrática de 1988, nunca reconstrução sintética que se faz a seguir.

1.3. Família e Filiação nas Constituições Brasileiras anteriores a 1988

A primeira Constituição Brasileira data de 1824; foi a Constituição Política do Império do Brasil que, no terreno familiar preocupou-se apenas com a Família Imperial e sua dotação (arts. 105 a 130).

A Constituição da República de 1891 separou a *jurisdição eclesiástica* da jurisdição estatal para todos os efeitos, em especial em matéria de casamento dispondo o art. 72, § 4.° que *A República só reconhece o casamento civil, cuja celebração será gratuita*, mas não incluiu normas referentes à família. Posto fazer referência expressa ao "direito de igualdade" no art. 72, §2.°, empregava a expressão "filhos ilegítimos" ao tratar no Título IV *Dos Cidadãos Brasileiros*, Seção I, "*Das Qualidades do Cidadão Brasileiro*", e o art. 69 dispunha que: São cidadãos brasileiros: n.° 2.°: *os filhos de pai brasileiro e os ilegítimos de mãe brasileira, nascidos em país estrangeiro, se estabelecerem domicílio na República*", confirmando a existência de uma severa distância entre o tratamento jurídico da filiação da idéia de igualdade como direito fundamental.

A Carta de 1934 é a primeira a reservar um título inteiro para cuidar da Família, o que fez em o número V sob a denominação *Da Família, da Educação e da Cultura*, e no Capítulo I tratou *Da Família,* dispondo o artigo art. 144 que: *"A família, constituída pelo casamento indissolúvel, está sob a proteção especial do Estado"*. Fez ainda menção ao reconhecimento dos filhos naturais para isentar tal ato do pagamento de quaisquer selos ou emolumentos, sujeitando a herança que lhes coubesse a impostos iguais aos que recaíssem sobre a dos filhos legítimos.

Em 1937, a quarta Constituição do país previu a necessidade de proteção do Estado à família de forma mais objetiva, estatuindo a segunda parte do art. 124 que *às famílias numerosas serão atribuídas compensações na proporção dos seus encargos*. Nesse mesmo passo, estatuiu como primeiro dever e direito natural dos pais a educação integral da prole, estendendo-os aos filhos naturais. Foi ainda mais além do que as Constituições anteriores no que diz respeito a proteção das pessoas menores, dispondo o art. 124 que:

O abandono moral, intelectual ou físico da infância e da juventude importará falta grave dos responsáveis por sua guarda e educação, e cria ao Estado o dever de provê-las do conforto e dos cuidados indispensáveis à preservação física e moral. Aos pais miseráveis assiste o direito de invocar o auxílio e proteção do Estado para a subsistência e educação da sua prole.

Mesmo expressando preocupação com a subsistência dos infantes, não avançou ao ponto de extinguir a classificação dos filhos em legítimos e naturais, permanecendo o casamento como ato determinador da condição de licitude da filiação.

Os minuciosos preceitos da Constituição de 1937 não foram reproduzidos na de 1946, que se limitou a reafirmar a indissolubilidade do casamento (art. 163), o mesmo acontecendo com a de 1967, que dispunha no art. 175 que: "*A família é constituída pelo casamento e terá direito à proteção dos Poderes Públicos*". A indissolubilidade do casamento que constava do § 1.° desse artigo foi alterada pela Emenda Constitucional n.° 9 de 1977 quando o Brasil aprovou a dissolução do vínculo conjugal pelo divórcio, exigindo prévia separação judicial por mais de três anos[18]. Nenhuma menção a filiação foi feita, relegando à lei especial a assistência à maternidade, à infância e à adolescência e a educação de excepcionais no § 4.°[19].

---

[18] Na Constituição de 1988 esse prazo foi reduzido para apenas um ano. Anote-se contudo, que o Parlamento Brasileiro (constituído no sistema bicameral: Câmara dos Deputados e Senado Federal), aprovou em Julho de 2010 a Emenda Constitucional n.° 66 que altera o §6.° do art. 226 da vigente Constituição Federal que passou a ter a seguinte redação: "O casamento civil pode ser dissolvido pelo divórcio". Com isso, fica eliminada a *dupla via* para alcançar a dissolução do vínculo conjugal (separação e divórcio), de forma a permitir a realização do divórcio direto, sem imposição de qualquer tempo para obter-se o desvinculo.

[19] Da Constituição de 1937 até a Constituição de 1969 diversas Leis e Decretos-Leis foram editados disciplinando a filiação extra-matrimonial, *v.g.* o Decreto-Lei 3.200/1941 que passou a proibir a qualificação do filho na certidão de nascimento; o Decreto-Lei 4.737/1942 que passou a autorizar o reconhecimento de filho extramatrimonial após o desquite; a Lei 883/1949 que estendeu a possibilidade do reconhecimento de filho adulterino após o desquite; a Lei 6.515/1977 (Lei do Divórcio) que permitiu o reconhecimento de filho em testamento cerrado.

1.4. Código Brasileiro do século XXI

Para exame das disposições do Código Civil Brasileiro promulgado no ano de 2002 e vigente desde 2003 é preciso considerar que as iniciativas de reforma do Código Civil de 1916 começaram em 1940, a partir de quando foram elaborados vários projetos que visavam "descodificar" alguns institutos do direito privado, em especial do Direito das Obrigações. Entrementes, em 1975 o Congresso Nacional recebeu um Projeto de Código Civil que levou o número 634, e que tramitou por 27 (vinte e sete) anos até ser finalmente aprovado e sancionado em 10.01.2002 pela Lei 10.406.

O longo tramite não implicou na aprovação de um texto legislativo amadurecido em ambiente democrático, consistente e consentâneo com as profundas mudanças de ordem social, moral, científica e tecnológica como era de se esperar. Em especial no que respeita ao Direito de Família, o vigente Código Civil brasileiro apresenta-se ainda como um reduto de idéias vetustas e mal elaboradas (quiçá, mal redigidas), podendo ser encontradas réplicas quase perfeitas de dispositivos do código revogado. Em outros dispositivos, podem ser encontrados traços das inovações científicas do século presente que se, entretanto, contextualizadas com outros institutos (*v.g.* o direito de família e o direito sucessório), o peso da longa tramitação denuncia a fragilidade do empenho. Além disso, o excesso de cláusulas abertas e de conceitos gerais indeterminados[20] corrompe o

---

[20] Cláusulas Abertas e Conceitos Gerais Indeterminados são mecanismos técnicos legislativos destinados a superar a natureza abstracta das

Estado de Direito Democrático instituído no Brasil com a Constituição de 1988, permitindo que cada vez mais a licitude e a ilicitude das condutas sejam construídas de forma casuística, ao largo de uma lei previamente processualizada no recinto próprio.

O Direito de Família foi tratado no vigente Código Civil no Livro IV da Parte Especial. A distribuição dos títulos denuncia a manutenção da preferência pela família constituída pelo casamento apesar do reconhecimento da União Estável como entidade familiar, o que se infere pelo fato da União Estável ter merecido míseros cinco artigos da lei (Título III – artigos 1724 a 1727), e isso após toda uma disciplina dedicada ao casamento, ao direito a alimentos e ao bem de família, sendo que em matéria sucessória essa modalidade de relacionamento recebe tratamento diferenciado prejudicial quando comparada ao direito sucessório oriundo do casamento.

Ao tratar da filiação o Código Civil Brasileiro o faz em dois capítulos distintos: do artigo 1.596 ao artigo 1.606, trata da filiação havida na constância do casamento a qual é atribuído um sistema de presunções, tal como vigeu nas leis anteriores. Dos artigos 1.607 ao 1.617, o código trata do "reconhecimento de filhos" – situação criada pela ausência do casamento e, conseqüentemente, ausência do

---

regras de direito, abrindo campo à ação construtiva da jurisprudência na análise dos casos concretos. Devido ao alto grau de discricionariedade e subjetivismo que esses mecanismos proporcionam, delegando ao Poder Judiciário a elaboração de padrões de conduta (licitudes) não previstos expressamente em lei resultante do Devido Processo Legislativo, somos de parecer que há, nessa prática, violação ao Princípio da Legalidade.

sistema de presunções só alcançado pelo matrimonio oficialmente constituído. Entretanto, seguindo o ditame Constitucional de igualdade no tratamento dos filhos, esse código reafirma que *"os filhos, havidos ou não da relação de casamento, ou por adoção, terão os mesmos direitos e qualificações, proibidas quaisquer designações discriminatórias relativas à filiação"* (art. 1.596).

As palavras *afeto* e afetividade não figuram textualmente no Código Civil Brasileiro como critério de aferição ou estabelecimento da filiação. Contudo e, como veremos mais adiante, a *afetividade*, ou melhor, a *sócio-afetividade* tem sido a "palavra de ordem" em matéria de filiação nos tribunais brasileiros, acompanhados em acorde pela doutrina civilista nacional. Mas onde teria se iniciado esse paradigma de estabelecimento de filiação? Qual a sua aplicação nos casos submetidos aos tribunais? Quais critérios os tribunais utilizam para atestar a existência da sócio-afetividade para declarar, manter ou excluir a relação paterno-filial? Essas interrogações conduzirão a exposição da próxima parte.

PARTE II
FILIAÇÃO NO CONTEXTO SOCIAL
DO SÉCULO XXI

2.1. A Constituição Federal de 1988 e o novo paradigma da Família

A Constituição Brasileira de 1988 procurou agregar, em cada um dos institutos que previu com superioridade normativa, toda a intensidade das transformações havidas no mundo em geral e no Brasil em particular, no contexto social e político do processo de democratização iniciado em 1985. De se reconhecer, contudo, que o legislador constituinte foi e continua sendo desafiado em seu esforço de impulsionar o país e sua sociedade rumo aos avanços científicos, tecnológicos e sociais que irrompem nesta época da humanidade.

O Direito de Família, até então extremamente refratário às mutações dos conceitos morais, sucumbiu ao modelo igualitário de família e às modernas formações familiares, abandonando corajosamente a discriminação da prole na adoção de um novo referencial teórico, muito mais ligado à dignidade da pessoa humana do que à proteção patrimonial[21].

Nesse sistema, se elegeu alguns paradigmas de promoção de "novas famílias", dentre os quais figura a *"natureza sócio-afetiva da filiação"* que deve se apresentar concomitante com a biológica, mas que pode também servir para, por si só, manter ou criar a relação paterno-filial mesmo ausente o critério biológico. Porém, não se tem ainda uma conceituação precisa do que seja sócio-afetividade, quais seus contornos teóricos e nem quais devam ser seus reflexos jurídicos.

Uma opção para compreender essa nova forma de instituição de relação paterno-filial pode ser por inferência do seu emprego no direito positivo, na doutrina e na jurisprudência. No que diz respeito ao direito positivo, verifica-se

---

[21] Em que pese a união pelo casamento ter mantido o seu lugar privilegiado na órbita da ordem social.

que a expressão é recente, mas a *afetividade* como móvel da relação paterno-filial esteve presente nas legislações passadas na disciplina do "pátrio poder" (hoje poder familiar); surgia, porém, de forma implícita, ligada às atitudes objetivamente elencadas na lei quando direcionadas, ao pai em especial e a mãe em segundo plano[22], nos seus deveres em prol dos filhos, tais como dirigir-lhes a criação e educação, tê-los em sua companhia e guarda, conceder-lhes ou negar-lhes consentimento para casarem entre outros.

Já no Estatuto da Criança e do Adolescente – Lei especial pós Constituição de 1988 (Lei 8.069/1990) – a expressão *afetividade* vem expressa no §2.º do art. 28 como critério de decisão de colocação da criança em família substituta, sendo esta uma medida extrema que visa proteger a criança de sua própria família, notadamente, seus genitores.

---

[22] Quando no Brasil se passou a permitir a dissolução do vínculo conjugal, a Lei 6.515/1977 (Lei do Divórcio), previa no artigo 9.º que, se pela separação judicial forem responsáveis ambos os cônjuges, os filhos menores ficariam em poder da mãe e, somente se essa atribuição de guarda se mostrasse moralmente prejudicial ao menor é que outra solução seria dada. Apesar dessa preferência pela mãe para exercer a guarda dos filhos menores quando rompida a sociedade conjugal, na constância do casamento à mãe competia a função de colaboradora do pai (marido) quanto ao exercício do pátrio poder (Código Civil de 1916, Art. 380. *Durante o casamento compete o pátrio poder aos pais, exercendo-o o marido com a colaboração da mulher. Na falta ou impedimento de um dos progenitores passará o outro a exercê-lo com exclusividade.*). A atribuição de papéis definidos e definidos diferentemente para cada membro da família, importa na adoção de um conceito jusnaturalista de laços afetivos, derivados da convivência necessária que se iniciava com o casamento.

Em 2009, por força da Lei 12.010, foi acrescentado um parágrafo único ao art. 25 do Estatuto da Criança e do Adolescente (Lei 8.069/1990) para apontar a necessidade da presença da *afetividade* na "família extensa", para onde a criança ou adolescente será encaminhado prioritariamente quando separado de sua "família natural". É a seguinte a redação do dispositivo:

> Art. 25. Entende-se por família natural a comunidade formada pelos pais ou qualquer deles e seus descendentes.
> Parágrafo único. Entende-se por família extensa ou ampliada aquela que se estende para além da unidade pais e filhos ou da unidade do casal, formada por parentes próximos com os quais a criança ou adolescente convive e mantém vínculos de afinidade e **afetividade**.

Fora esses casos, o termo é empregado no Estatuto da Criança e Adolescente com bastante propriedade na regulamentação da adoção. Aliás, a afetividade ou sócio-afetividade é critério para deferimento de adoção.

Em um único dispositivo, o qual dispõe sobre a proteção da pessoa dos filhos quando da dissolução do casamento ou da união estável de seus progenitores, encontra-se a expressão "afeto", mais especificamente no tratamento da "guarda" no art. 1.583, §2.º, inciso I, e assim mesmo, essa expressão só foi acrescentada em 2008 pela lei reformadora de n.º 11.698.

Essa mesma lei 11.698 inseriu o termo "*afetividade*" no §5.º do art. 1.584 ao dispor, ainda no instituto da "guarda", que *se o juiz verificar que o filho não deve permanecer sob a guarda do pai ou da mãe, deferirá a guarda à pessoa que revele compatibilidade com a natureza da medida, considerados, de preferência, o grau de parentesco e as relações de afinidade e* **afetividade**.

É, contudo, na doutrina e na jurisprudência dos Tribunais Brasileiros que a *afetividade* assumiu importância tão capital que, em ações judiciais que visam investigar o estado de filiação, a sócio-afetividade é capaz de se sobrepor à "verdade biológica", incitando o que se convencionou chamar de *"desbiologização da paternidade"*. Mas, para dar contornos legais a essa novíssima ordem, esse novo critério de instituição da relação de parentesco paterno-filial é resultado de um amálgama de dispositivos legais insertos no Código Civil em vigor.

Assim, para sustentar a existência da filiação "sócio-afetiva", tanto a jurisprudência quanto a doutrina pátria fazem aproveitamento em dois dispositivos do vigente Código Civil. O primeiro deles encontra-se no art. 1.593 que trata das disposições gerais acerca Das Relações de Parentesco com a seguinte redação: *"O parentesco é natural ou civil, conforme resulte de consangüinidade ou outra origem"*. Para ajustar o artigo à aclamada sócio-afetividade, dá-se à expressão "ou outra origem" uma interpretação suficientemente extensiva de molde a fundamentar tal possibilidade.

O segundo dispositivo, que elasticamente subsidia a *"desbiologização"* da paternidade, é o art. 1.605, inciso II que trata da Filiação havida na constância do casamento com a seguinte redação: *"Na falta, ou defeito, do termo de nascimento, poderá provar-se a filiação por qualquer modo admissível em direito: II – quando existirem veementes presunções resultantes de fatos já certos."*. Aqui, tem-se por *fatos já certos* a relação de *afetividade* socialmente reconhecida como existente entre pai e filho.

A conjugação dessas duas normas é que tem permitido que em Ações de Estado (Reconhecimento de Paternidade, Negatória de Paternidade e Anulatória de Registro) *"paternidades"* sejam ratificadas ou retificadas (como veremos em tópico subseqüente em análise a decisões de Tribunais Brasileiros), como tem embasado diversas ações de reconhecimento de filiação não biológica pela convivência em caráter filial que geraria a "posse do estado de filho". Começamos por esse último, objetivando aferir se a posse do estado de filho, na forma como se encontra estatuída no Código Civil, serve como embasamento legal da sócio-afetividade; em seguida analisaremos as posições adotadas por alguns tribunais.

2.2. Posse do Estado de Filho e a sócio-afetividade

Dispõe o Código Civil Brasileiro no capítulo que trata da filiação resultante do casamento (art. 1.603) que a *"filiação prova-se pela certidão do termo de nascimento registrada no Registro Civil"*. Na falta ou defeito desse documento público, admite o código (art. 1.605) que se empregue qualquer outro modo de prova admissível em direito, e especifica a possibilidade de ilação do parentesco se existirem *"veementes presunções resultantes de fatos já certos"*[23]. Em seguida, ajustando

---

[23] Esse artigo, cópia *quase* fiel do artigo 349 do revogado Código Civil de 1916, só não é idêntica a redação porque foi excluída a expressão "filiação legítima", classificação extirpada da ordem jurídica nacional desde a Constituição de 1988.

o procedimento necessário a fazer a prova da filiação em razão da falta do termo do nascimento (Certidão de Nascimento), vem o artigo 1.606 instituir a Ação de Prova de Filiação, atribuindo legitimidade ao filho enquanto viver, passando aos herdeiros, se ele morrer menor ou incapaz. Em parágrafo único acrescenta a lei que, se iniciada a ação pelo filho, os herdeiros poderão continuá-la, salvo se julgado extinto o processo, dando com isso o caráter personalíssimo a essa ação de estado.

A "prova de filiação" sempre foi destinada àquelas situações em que a filiação biológica é certa, não é contestada, porém, a pessoa está desprovida da prova privilegiada desse *status,* qual seja a certidão de nascimento. Essa possibilidade de usar a prova de filiação para suprir o documento público foi muito necessária no tempo em que os livros dos serviços notariais ficavam vulneráveis à ação do tempo e de eventos fortuitos, perdendo-se sem recuperação.

Visava ainda, no passado como nos tempos atuais, atender famílias que vivem em estado marginal da "ordem civil", seja por ignorância da necessidade ou importância dos procedimentos para obtenção dos registros públicos, seja por residirem em locais muito distantes das serventias notariais.

Nesses casos, em que não há o documento público certificador da filiação, havendo, porém, o *fato* da filiação biológica, a ação de prova de filiação é o mecanismo apropriado para documentar a situação civil da família. Em 1966 exemplificava Washington de Barros Monteiro (1966:250) ao comentar essa norma legal:

"*Suponha-se que o filho não foi registrado na ocasião oportuna ou que se perdeu o livro em que se tomara o assento. Imagine-se ainda que o registrado foi inscrito como filho de pai incógnito. Em qualquer dessas hipóteses, supre-se a lacuna mediante todo o gênero de provas, entre as quais sobrelevam a testemunhal e a posse do estado de filho. [...] Por exemplo, num livro particular de família, declaram os pais que, em certa época, lhes nasceu o filho cuja filiação posteriormente se pretende provar. Há na declaração, inserta no referido livro particular, começo de prova por escrito que pode ser completado por prova testemunhal ou pela posse de estado de filho, naturalmente se casados os pais, como é obvio".*

Não se cogitava, assim, de ligar a expressão *"veementes presunções resultantes de fatos já certos"* a nenhuma "sócio-afetividade", pois por fatos já certos sempre se entendeu a existência de filiação biológica que, nessa época, era também classificada como legítima.

Passou-se, contudo, a utilizar a posse de estado de filho como caminho legal para a *"filiação sócio-afetiva"*. Mas essa apropriação pode não ser muito adequada se se atentar para o fato de que o art. 1.605 está inserido no capítulo "Da Filiação" (filiação havida na constância do casamento) e não no capítulo "Do reconhecimento de filhos" (filiação desprovida das presunções atribuídas ao casamento). E mesmo que a técnica legislativa não seja considerada válida para amparar a tese de que, do art. 1.605, inciso II do Código Civil de 2002, pode-se extrair a filiação sócio-afetiva, considere-se que a direção do *caput* desse dispositivo não deixa dúvidas sobre sua aplicação ao apontar para o caso de "falta ou defeito do termo de nascimento", quer dizer, a criança nasceu daquela mãe e daquele pai e, ou não foi registrada ou seu registro contém algum dos vícios que maculam a veracidade que deve conter os Registros Públicos.

Esse raciocínio bem pode ser acusado de excessivo apego à forma nos moldes do Direito Romano, mas argumente-se que é a própria defesa doutrinária e jurisprudencial da *sócio-afetividade* que se empenha por forjar uma base legal positiva para sustentá-la. Se essa base legal é a *posse de estado de filho* deve então haver aproveitamento de todos os elementos que a configuram, sob pena de tornar a decisão sobre a questão mais arbitrária do que ela já se mostra ser.

Com efeito, na vigência do Código Civil de 1916 o "estado de filiação" caracterizava-se pelo concurso de três elementos: *nomen, tractatus* e *fama* (GOMES: 1999: 324), e não se cogitava de aplicar tais elementos (nome, tratamento e fama) para "instituir" filiação pela simples presença dessas categorias, mas para *apurar* a filiação biológica existente que não estivesse documentada. Assim lecionava Caio Mário da Silva Pereira (1987:185) em comentário ao direito anterior (Código Civil de 1916), quando reafirmava que o emprego da "posse do estado de filho" destinava-se aos casos em que faltava o respectivo Assento de Nascimento, destruição do livro, inacessibilidade do lugar onde se realizam os registros e acrescentava:

[...] é lícito utilizar qualquer outro meio, quando houver um começo de prova por escrito emanado dos pais: declaração formal, cartas familiares, veementes presunções oriundas de fatos já certos. Uma vez estabelecida, pela prova dos fatos e pelo jogo das presunções legais, a filiação legítima é indivisível: não é possível ser filho legítimo de uma mulher e não o ser de seu marido.

Acompanhando o movimento de radical transformação jurídica da família e o alargamento dos modos de se constituir a relação de parentesco paterno-filial, essa concepção também se altera radicalmente (na doutrina e jurisprudência) a partir de 1988, quando a "posse do estado de filho", com os mesmos elementos que a compõem (nome, tratamento e fama) deixa de ser o modo de comprovar-se a filiação biológica e passa a funcionar como modo de instituir filiação. Assim se pode apurar da leitura do mesmo civilista por último citado quando, na atualização de sua obra publicada em 2009 (PEREIRA: 2009, p. 375), ao referir-se a "posse do estado de filho", concede-lhe uma fenomenal extensão para incluir um caráter de sócio-afetividade em seu conceito quando afirma:

> A paternidade sócioafetiva, sob a noção da posse de estado de filho, que ganha abrigo nas mais recentes reformas do direito internacional, não se funda com o nascimento, mas, num ato de vontade, que se sedimenta no terreno da afetividade, coloca em xeque tanto a verdade jurídica como a certeza científica, no estabelecimento da filiação.

Em sua maioria a doutrina civilista brasileira acompanha essa nova interpretação da "posse de estado de filho", chegando Maria Berenice Dias (2010:366) a afirmar que: *"Quando as pessoas desfrutam de situação jurídica que não corresponde à verdade, detêm o que se chama de posse de estado. Em se tratando de vínculo de filiação, quem assim se considera, desfruta do estado de filho afetivo [...]"*.

Rolf Madaleno (2009:366) também identifica a *posse do estado de filho* como caminho para determinação da filiação sócio-afetiva, embora reconheça que o Código Civil em vigor não contenha previsão expressa:

Não obstante a codificação em vigor não reconheça a filiação socioafetiva, inquestionavelmente a jurisprudência dos pretórios brasileiros vem paulatina e reiteradamente prestigiando a prevalência da chamada *posse do estado de filho*, representando em essência o substrato fático da verdadeira e única filiação, sustentada no amor e no desejo de ser pai ou de ser mãe, em suma, de estabelecer espontaneamente os vínculos da cristalina relação filial.

No mesmo sentido, cabe indicar ainda a doutrina de Paulo Luiz Neto Lobo (2004:211), para quem a posse de estado de filiação refere-se a uma situação fática na qual uma pessoa desfruta do *status* de filho, independentemente dessa situação corresponder à realidade legal e acrescenta:

A posse do estado de filho oferece os necessários parâmetros para o reconhecimento da relação de filiação, fazendo ressaltar a verdade socioafetiva. Tem a maleabilidade bastante para exprimir fielmente a verdade que procura, para mostrar onde se encontra a família socioafetiva cuja paz se quer defender pelo seu valor social e pelo interesse do filho.

A posse do estado de filho e conseqüente ação de prova de filiação ex-surge assim, no direito brasileiro, como *direito novo* apto a homologação da nova realidade familiar – a sócio-afetividade – amparado pelo simples artifício de retórica que é o que, grosso modo, se constitui a transposição do termo "posse de estado". O grave problema é que, como veremos na análise casuística, a presença dos elementos que compõem a posse de estado nem sempre são suficientes para configuração da sócio-afetividade e criação do vínculo paterno-filial, na visão de alguns tribunais brasileiros, que cotejam outras circunstâncias para conferir ou não a paternidade, notadamente quando presentes interesses sucessórios[24].

Cabe então investigar quais são essas outras circunstâncias que interferem na admissão da "paternidade/filiação socio-afetiva", a fim de detectar a presença de um eixo estruturador que lhe dê consistência. É o que procuraremos desenvolver nos próximos tópicos a partir de alguns julgados.

2.3. A Posse do Estado de Filho nos Tribunais Brasileiros

2.3.1. *"Adoção Póstuma": ser "criado como filho" e sócio-afetividade*

Em Julho de 2006, ao Tribunal de Justiça do Estado de São Paulo (TJSP), foi submetida a Apelação Cível n.° 292.657.4/ /9[25]. Trata-se do caso de uma mulher que, tendo ficado

---

[24] É preciso levar em conta que na organização e funcionamento do Poder Judiciário Brasileiro (país de dimensões continentais que espalha enorme diversidade cultural por seus 26 Estados e 1 Distrito Federal), uma mesma lei de alcance Federal é aplicada, em grau de recurso, por Tribunais Regionais (cada Estado da Federação tem seu próprio Tribunal Recursal sendo que, cada Tribunal comporta divisões em Turmas Recursais).

[25] Disponível no sítio www.http:/tjsp.jus.br (consultar pelo n.° do acórdão indicado no texto)

órfã aos dois anos de idade, fora criada pelos tios "*como se fosse filha*". Com o falecimento do casal sem deixar descendentes ou ascendentes, pleiteou a autora o reconhecimento de "filiação sócio-afetiva" e declaração de herdeira única em detrimento de outros sobrinhos que se candidataram à herança. O TJSP entendeu que nesse caso não havia como declarar a existência de filiação sócio-afetiva, pois se o casal de tios quisesse, teria providenciado a adoção formal da sobrinha, o que não fizeram. Para a relatora do Acórdão "*A norma constitucional invocada pela autora estabelece igualdade entre os filhos legítimos, naturais, adulterinos e adotivos, o que não significa ter admitido a "filiação sócio-afetiva" nem o reconhecimento "nuncupativo" desse tipo de parentesco legal*".

Semelhante decisão proferiu o Tribunal de Justiça do Estado de Minas Gerais (TJMG) em um caso dramático que revelou significativo vínculo afetivo entre o autor da ação e o casal que durante anos o criou "*como se fosse filho*", mas que não teve esse *status* reconhecido judicialmente (Apelação Cível n° 1.0382.06.064486-3/001[26]).

Segunda consta, a mãe biológica da criança, não tendo condições financeiras de sustentá-lo simplesmente entregou-o a uma outra mulher, sendo esta viúva e mãe de outros filhos. A criança foi criada até por volta dos 16 anos de idade, ocasião em que sua "mãe de criação" veio a falecer. O já agora adolescente passou a ser criado e educado por uma das filhas de sua mãe de criação, que também lhe dedicou carinho e dedicação juntamente com seus outros filhos até os 31 anos de idade. O falecimento da segunda

---

[26] Disponível no sítio: www.http:/tjmg.jus.br (consultar pelo n.° do acórdão indicado no texto)

mãe de criação e seu marido ensejou a reivindicação judicial de reconhecimento da maternidade e paternidade sob invocação do vínculo sócio-afetivo, com a finalidade de se habilitar na condição de herdeiro no inventário dos bens deixados.

Entretanto, o Tribunal de Justiça Mineiro entendeu que a paternidade sócio-afetiva só terá abrigo no ordenamento jurídico, como relação de filiação, se fundada num ato de declaração espontânea de vontade por parte das pessoas interessadas no reconhecimento do vínculo, de modo que a paternidade sócio-afetiva que estava sendo reivindicada só teria sentido se tivesse sido declarada pelos *pais de criação* em vida. E o acórdão restou assim ementado:

AÇÃO DE REIVINDICAÇÃO DE PATERNIDADE SOCIOAFETIVA "POS MORTEM" – INTERESSES PURAMENTE FINANCEIROS – AFASTAMENTO DO JUÍZO ÉTICO E JUSTO – IMPROCEDÊNCIA DO PEDIDO.

Admitir que o Poder Judiciário supra a vontade da pessoa que foi criada por um casal que, movido pela solidariedade, abrigou o jovem em sua família e passou a criá-lo e educá-lo, para mais tarde receber um prêmio, de pai e mãe socioafetivos, gerando efeitos na esfera do Direito Sucessório, seria desvirtuar toda a interpretação conferida ao instituto da paternidade socioafetiva. Isso porque a busca de uma tardia reivindicação parental, com interesses puramente financeiros, significaria o afastamento de um juízo ético e justo proposto por nosso ordenamento jurídico.

Semelhante problemática foi submetida ao Tribunal de Justiça do Rio Grande do Sul (TJRS) cuja ementa traz a expressão "adoção póstuma" (Apelação n.º 70035416 304)[27]. A situação é, em pontos nucleares, semelhante aos casos decididos pelos TJSP e pelo TJMG retro mencionados: a mãe entregou a criança aos seis meses de idade para ser criada por outra mulher. A criança foi criada juntamente com os outros filhos e, embora a mãe biológica estivesse viva, nunca exerceu os direitos ou deveres da maternidade. A "mãe de criação", por seu turno, em que pese nunca ter formalizado a adoção, sempre fazia referência à criança como sendo seu filho, e era reconhecida pelos filhos biológicos desta, como irmão. Contudo, essa senhora faleceu sem formalizar a adoção que, por ocasião do processo sucessório, foi pleiteada em juízo com base na posse do Estado de Filho.

Diferentemente do que fora antes decidido pelos Tribunais mineiro e paulista (TJSP e TJMG), o TJRS entendeu ser perfeitamente possível a "adoção póstuma", ancorado na presença da sócio-afetividade aferida pela prova testemunhal e por outras circunstâncias, v.g.:

> Consta dos autos vasta documentação que vai ao encontro da pretensão inicial, como, por exemplo, fotografias, convite de festa endereçado para o autor e sua suposta mãe, apólice de seguro em que o nome do apelado consta como beneficiário, na condição de filho, documento em que há a assinatura da falecida como

---

[27] Disponível no sítio www.http://tjrs.jus.br (consultar pelo n.º do acórdão indicado no texto)

responsável legal por ele, ocorrência policial registrada por ela, em que o cita como seu filho [...]

Vamos desconsiderar por ora a existência ou não nos dois primeiros casos citados (apreciados pelo TJMG e pelo TJSP) de documentos que comprovassem o relacionamento familiar (supondo que certamente havia essa comprovação nos autos, ou seja, comprovação da convivência familiar), para considerar que em ambos há a presença de pelo menos dois elementos que compõem a *posse do estado de filho* – o tratamento e a fama – e eles não foram, nesses Tribunais, suficientes para que a sócio-afetividade surtisse o efeito da relação paterno-filial.

Interessa-nos ainda a percepção de que os exemplos citados denunciam a falta de unanimidade nos Tribunais Brasileiros acerca da importância que deva ser dada ao fato da pretensão sócio-afetiva ser veiculada simultaneamente a uma pretensão patrimonial. Sendo essa a circunstância que interfere nos elementos da Posse de Estado de Filho (nome, tratado e fama) para afastar a sócio-afetividade ou torná-la fraca para criar-se a relação paterno-filial, fica anotada a existência de um diferencial importante em relação à filiação biológica. É que a filiação biológica, por mera decisão legislativa já implica em direitos sucessórios e, portanto, interesse patrimonial, o que seria negado à filiação sócio-afetiva.

2.3.2. *"Adoção à Brasileira"*

No Brasil, a autenticidade dos registros públicos nunca foi absoluta, mesmo aqueles que visam atestar elementos que independem de manifestação de vontade, como é o caso das informações atinentes a imóveis constantes do respectivo registro público; mesmo esse tipo de registro é passível de retificação e até desconstituição pela via judicial.

Os registros públicos, de modo geral, se constituem com base na manifestação da vontade e, por isso mesmo, sofrem de especial carência na contrafação do que é declarado, em razão da conformação do notário às informações que lhe são dadas pelos interessados. CENEVIVA (2002: 4), comentando a finalidade do registro público salienta que *"por ser o oficial um receptor da declaração de terceiros, que examina segundo critérios predominantemente formais, não alcança o registro o fim que lhe é determinado pela definição legal: não dá autenticidade ao negócio causal ou ao fato jurídico de que se origina"*.

Pode-se dizer do Registro Civil de Nascimento ter sido sempre o mais vulnerável à segurança dos assentos públicos, particularmente na vigência da legislação civil de 1916 que levava as famílias a simular o parentesco de filhos nascidos fora do casamento para burlar a discriminação legal; com isso, ordinariamente os filhos das filhas solteiras eram registrados como filhos dos avós maternos.

Se antes a prática ilícita de declarar como filho quem sabidamente não o era tinha como móvel a proteção da honra da família maculada pela filha-mulher, hoje o viés da falsa declaração prende-se, muitas vezes, aos arranjos afetivos de pessoas adultas e, de certa forma, livres para se relacionar sexualmente. Acontece de muitos homens registrarem como seus os filhos de suas namoradas ou companheiras, enlevados que estão pelo sentimento passional que os une. Esse ato, quando fruto de um momento puramente emocional, tende ao arrependimento que exsurge nos Tribunais com indesejável freqüência, sob argumentos juridicamente sofisticados da pretensão de reverter o ato jurídico, *v.g. i)* alegação de vício na manifestação da vontade; *ii)* invocação da falsidade do registro de *per si* pelo declarante ou seus herdeiros.

A *"falsa declaração de paternidade"*, assim como outras categorias do Direito de Família sofreu significativo redimensionamento no Direito Brasileiro.

Com efeito, em julgados do Superior Tribunal de Justiça da década de 90, entendeu-se que a "adoção a brasileira" configurava ato ilícito e, apesar da falsa declaração estar embasada em motivo nobre (amparo da criança), não poderia prevalecer o registro falso. Por volta do ano 2000 essa posição muda radicalmente e a declaração falsa no ato do registro perde importância, notadamente se presente a sócio-afetividade. Infere-se ainda desses julgados mais recentes que o direito de conhecer a verdadeira ascendência genética é valor colocado acima da sócio-afetividade, quando o *filho* desconhecia a falsidade consignada em seu registro de nascimento.

Assim, não admitindo que a sócio-afetividade se sobrepusesse a verdade biológica e nem se erigisse como um valor superior à veracidade dos registros públicos e ao direito de conhecer a verdadeira ascendência genética, entendeu o Superior Tribunal de Justiça por anular o Registro de Nascimento de uma pessoa após cinqüenta anos de convivência com os pais registrais e "sócio-afetivos", atribuindo a filiação com todos os seus efeitos ao pai biológico (Superior Tribunal de Justiça – REsp 833.712 – em 17.05.2007[28]).

---

[28] Disponível no sítio: www.stj.jus.com.br (consultar pelo n.º do acórdão indicado no texto).

Esse caso guarda a peculiaridade do filho desconhecer que sua filiação registral era falsa inexistindo o vínculo genético. O Ministério Público de 1.º grau exarou parecer que exerceu forte influência no resultado do julgamento, sintetizando o caso na forma seguinte:

> Partindo dos fatos narrados pela autora em consonância com a prova documental e testemunhal produzida, depreende-se que a mãe da autora foi vítima da circunstância, pois na época do fato, há 54 anos, era mulher separada e trabalhava na casa da tradicional família F., onde manteve relações sexuais com o filho de seu patrão, restando grávida e por isso tendo que se afastar para que não corressem boatos sobre o caso. Não é justo, porém, que, por razões tão mesquinhas e que já não permeiam mais nossa sociedade, a autora seja tolhida do seu direito de ter a paternidade e maternidade de seus pais biológicos reconhecida, surtindo os devidos efeitos jurídicos.

O Superior Tribunal de Justiça entendeu no caso que a investigante não poderia ser penalizada pela conduta irrefletida dos pais biológicos (ao abandoná-la para não suscitar boatos), tampouco pela omissão dos pais registrais em desvendar-lhe a verdadeira origem genética, fato que somente chegou ao seu conhecimento quando já contava com 50 anos de idade.

Em outro caso (RESp 878.941 ano de 2007[29]) o Superior Tribunal de Justiça manteve o registro de nascimento

---

[29] Disponível no sítio: www.stj.jus.com.br (consultar pelo n.º do acórdão indicado no texto)

do requerente com informações falsas sobre a paternidade por entender que o afeto fora construído entre pai e filha, não podendo ser desconstituído em prol simplesmente da verdade biológica. A peculiaridade desse caso reside em que a paternidade fora contestada pelos outros filhos do pai já falecido por ocasião da abertura da sucessão. O reconhecimento se dera pouco antes do falecimento do pai afetivo que, entretanto, criara a filha de sua companheira como se sua fosse desde o nascimento, ficando assim redigida a ementa do acórdão:

RECONHECIMENTO DE FILIAÇÃO. AÇÃO DECLARATÓRIA DE NULIDADE. INEXISTENCIA DE RELAÇÃO SANGUINEA ENTRE AS PARTES. IRRELEVANCIA DIANTE DO VINCULO SÓCIO-AFETIVO.

– O STJ vem dando prioridade ao critério biológico para o reconhecimento da filiação naquelas circunstancias em que há dissenso familiar, onde a relação sócio-afetiva desapareceu ou nunca existiu. Não se pode impor os deveres de cuidado, de carinho e de sustento a alguém que, não sendo o pai biológico, também não o é sócio-afetivo. **A contrario *sensu*, se o afeto persiste de forma que pais e filhos constroem uma relação de mutuo auxilio, respeito e amparo, é acertado desconsiderar o vínculo meramente sanguíneo, para reconhecer a existência de filiação jurídica.**

No caso supra mencionado, o pai que falsamente reconheceu a paternidade já havia falecido sem nunca contestar o registro feito; somente por ocasião da sucessão, presentes interesses patrimoniais, é que os outros herdeiros se insurgiram contra o ato.

Entretanto, em outro caso (REsp 932.692 de 2008[30]), o "pai" que registrou uma criança como filha, mesmo ciente da falsidade, intentou ação anulatória de registro visando desconstituir a paternidade sob alegação de que fora "*coagido pela mãe da criança a registrá-la como filha*". Quando o caso foi levado a juízo, a criança não havia ainda atingido os três anos de vida, e o "pai" sequer chegou a conviver com ela, incumbindo-se, no máximo de pagar-lhe uma verba alimentar. Entretanto, o Superior Tribunal de Justiça entendeu ser devida proteção aos interesses da criança mantendo a filiação falsamente declarada. A sócio-afetividade no caso foi constatada pelo simples ato do registro, pois não havia qualquer convivência social e muito menos afetiva entre pai e filho. Em seu voto assim se manifestou a Ministra Relatora:

> Deve-se, portanto, pautar o julgamento, a conferir, de forma indelével, a prevalência dos interesses da criança, sentimento que deve nortear a condução do processo em que se discute de um lado o direito do pai de negar a paternidade em razão do estabelecimento da verdade biológica e, de outro, o direito da criança de ter preservado seu estado de filiação.
>
> Afinal, por meio de uma gota de sangue, não se pode destruir o vínculo de filiação, simplesmente dizendo a uma criança que ela não é mais nada para aquele que,

---

[30] Disponível no sítio: www.stj.jus.com.br (consultar pelo n.º do acórdão indicado no texto)

um dia declarou perante a sociedade, em ato solene e de reconhecimento público, ser seu pai.

De se apontar que nesse caso, ao atingir a maioridade poderá essa mesma pessoa impugnar a paternidade que agora lhe foi atribuída, investigar a sua ascendência biológica e até optar por ela.

Para se ter uma idéia da dimensão que resulta da sócio-afetividade no momento atual, tenha-se em conta que não era esse o posicionamento do Superior Tribunal de Justiça há cerca de dez anos atrás. No julgamento do Recurso Especial n.° 140.479 de 1998[31], o não acobertamento do ilícito consistente na falsidade ideológica de se declarar como filho quem não o é, sobrepujou a intenção de "adotar" uma criança, mesmo tendo ficado provado que a intenção do declarante fora garantir o futuro da criança. No caso, o pai registral que se encontrava separado de fato da esposa, passou a viver em união estável com outra mulher e a filha desta. Tencionando garantir o futuro da menina registrou-a como sua filha numa clara prática de falsidade ideológica. Consta do voto proferido no acórdão que:

> A equiparação de um termo de nascimento à escritura de adoção não é de ser admitida: os atos jurídicos são, em substância, diferentes e a conversão de declaração que encerra falsidade ideológica (de nascimento de filho) em manifestação de vontade dirigida à criação de um *"status"* de parentesco civil não encontra apoio em

---

[31] Disponível no sítio: www.stj.jus.com.br (consultar pelo n.° do acórdão indicado no texto)

lei. Não se cuida, no caso, de atender mais a intenção de quem falsamente se afirmou pai, que também manifestaria ele sua vontade no sentido de realizar outro e diferente ato jurídico.

Essa decisão refletiu em diversos outros julgados dessa mesma época[32] em que o registro falso foi anulado sob o fundamento de ser impossível se converter um registro falso em ato jurídico válido, mesmo que em benefício da criança.

Nos acórdãos mencionados nesse tópico, encontramos diferentes padrões de sócio-afetividade e nenhum padrão de importância para circunstâncias comuns entre eles, *v.g.*: a) presença de interesses patrimoniais (sucessórios); b) veracidade dos registros públicos; c) respeito à manifestação de vontade no ato jurídico de declaração de paternidade; e d) convivência entre pai e filho(a), todos ganham contornos de conveniência casuística.

Em outros casos tais circunstâncias sequer são consideradas sendo suficiente para conferir sócio-afetividade a declaração, de *per si*, no ato do registro, como aconteceu no julgamento da Apelação Cível n.º 70009804642 ano de 2005 pelo Tribunal de Justiça do Rio Grande do Sul[33]. Tratou-se do caso do pai registral que buscava anular o registro de nascimento do filho sob alegação de que à época do ato jurídico (registro) tinha a desconfiança de não

---

[32] Exemplo dos acórdãos: RESp 40.690 e RESp 1690, ambos disponíveis no sítio www.http://stj.jus.br

[33] Disponível no sítio: www.tjrs.jus.com.br (consultar pelo n.º do acórdão indicado no texto)

ser o pai biológico da criança, entretanto, como por essa ocasião se relacionava com a mãe da criança, realizou o registro apesar de manter dúvidas sobre a paternidade. Dissolvido o relacionamento pleiteou anulação do registro requerendo fosse realizado o exame de DNA.

O Tribunal entendeu que nesse caso não se tratava de realizar o exame biológico, mas somente verificar a existência ou não de sócio-afetividade que, no caso, se entendeu presumida pela manifestação da vontade. Assim, o registro não foi anulado ao fundamento de que a declaração espontânea feita ao oficial do registro civil se equipara à adoção, ato irrevogável no ordenamento brasileiro. Constou do voto que:

> [...] relativamente à alegada inexistência de "vínculo sócio-afetivo", inicialmente se diga que, tendo o apelante reconhecido **a paternidade no ato do registro, é de presumir-se que a manifestação de vontade expressa no ato foi livre e espontânea, sendo que o reconhecimento estabelece uma filiação sócio-afetiva, com os mesmos efeitos da adoção, que é irrevogável** (art. 1.º, da Lei 8.560/92).

Esse mesmo posicionamento prevaleceu em outros julgados que foram assim ementados:

TJRS – Apelação Cível n.º 70006979538 julgada em 05.11.2003. Ação Anulatória de reconhecimento de paternidade. **O reconhecimento espontâneo no ato registral estabelece uma filiação sócio-afetiva, com os mesmos efeitos da adoção**, e como tal irrevogável. Impossibilidade jurídica do pedido reconhecida. Negaram provimento. Unânime.

TRS – Embargos Infringentes n.º 599277365 julgado em 10.09.1999. Paternidade. Reconhecimento. **Quem, sabendo não ser o pai biológico, registra como seu filho de companheira durante a vigência de união estável estabelece uma filiação sócio-afetiva que produz os mesmos efeitos que a adoção, ato irrevogável**. Ação Negatória de Paternidade e Ação Anulatória de Registro de Nascimento. O pai registral não pode interpor ação negatória de paternidade e não tem legitimidade para buscar a anulação do registro de nascimento, pois inexiste vício material ou formal a ensejar sua desconstituição. Embargos rejeitados por maioria.

No mesmo sentido o Tribunal de Justiça de Minas Gerais que ao julgar a Apelação Cível 1.0672.00.029573-9/001(1) no ano de 2007[34], conferiu uma espécie "legitimidade social" à falsa declaração de filiação tratando-a como "adoção de fato", constando do acórdão o trecho que se reproduz:

> Não se trata de legitimar "adoção à brasileira" que permanece ilícito civil, mas de proteger o direito daquele que de tal forma foi legitimado, criado como filho e não pode, sem sua anuência, ver modificada sua

---

[34] Disponível no sítio: www.tjmg.jus.com.br (consultar pelo n.º do acórdão indicado no texto)

situação, mesmo que esse menor já tenha atingido a maioridade. **O direito pátrio caminhou no sentido de dar proteção às realidades postas pela sociedade**, tanto assim que reconheceu os direitos das pessoas que vivem em uniões estáveis. Da mesma forma a Lei n. 8.069/90, Estatuto da Criança e Adolescente, visou dar proteção aos menores, com a irrevogabilidade do ato de adoção. **Apesar de se reconhecer que no caso em tela não houve uma adoção propriamente dita, com sua submissão às normas processuais vigentes, o que houve foi uma adoção de fato** (...).

Se o ato de adotar uma criança deve ser pensado e sopesado em virtude de toda uma gama de direitos e deveres que lhe advém, da mesma forma deve agir aquele que admite, perante o registro civil, como sendo seu filho aquele que efetivamente não é seu descendente biológico. O que se pode deduzir de tal ato é que o apelante, apesar de ciente das diferenças biológicas entre ele e o apelado, não desejou que a sociedade soubesse de tal fato, legitimando o apelado como filho. Ora, se assim desejou, desejou mais que ser um mero padrasto, desejou ser pai e em conformidade com esse desígnio procedeu.

Aqui, ancorado na sócio-afetividade, outra instituição jurídica de rígidos contornos normativos como a adoção ganha a necessária flexibilidade para manutenção do *status* da filiação documentada em registro público criando, ao lado da adoção formal, conferida com observação dos requisitos legais, a "adoção de fato".

Maior elasticidade ainda ganha a sócio-afetividade quando empregada para garantir o direito de desvendar a origem genética como um direito da personalidade (por isso mesmo imprescritível e inalienável), outra nova dimensão da moderna concepção da filiação. Entretanto, como veremos no próximo item, o conhecimento da ligação parental biológica pode ou não surtir os efeitos jurídicos próprios do reconhecimento do vínculo da filiação.

3. Multiparentalidade x direito de desvendar a origem genética

A dissolubilidade do casamento e o reconhecimento da união estável como entidade familiar aliado à liberação do padrão moral-sexual das últimas décadas repercutiram significativamente na disciplina da filiação sob o aspecto da convivência familiar e do *status* jurídico da filiação. Explicamos isso: de um lado existe a situação de pessoas divorciadas ou que dissolveram anteriores uniões das quais resultaram filhos, e que refizeram sua vida pessoal com diferentes parceiros. Os filhos da anterior união poderão ter convivência necessária com os novos cônjuges ou companheiros de seus genitores; de outro lado, temos a situação de pessoas que em algum momento da vida descobrem que aquele que consta em seu Assento de Nascimento como pai, não é seu ascendente genético.

A proteção a pessoa dos filhos quando ocorre a dissolução do casamento ou da união estável passa por um verdadeiro paradoxo no Direito Brasileiro, uma vez que o Código Civil garante que "*A separação judicial, o divórcio e a dissolução da união estável não alteram as relações entre pais e filhos, senão quanto ao direito, que aos primeiros cabe, de terem em sua companhia os segundos"* (art. 1.632), ao mesmo tempo que tenta "por força de lei" implementar a "guarda compartilhada" (arts. 1.583 a 1.590 do Código Civil Brasileiro), atribuindo *"a responsabilização conjunta e o exercício de direitos e deveres do pai e da mãe que não vivam sob o mesmo teto, concernentes ao poder familiar dos filhos comuns"* (§1.º do art. 1.583).

Efetivar a "guarda compartilhada" tem sido o desafio das inúmeras varas de família espalhadas pelo país, mas a questão que aqui colocamos diz respeito a constituição de vínculo sócio-afetivo entre os filhos do anterior casamento e os atuais maridos ou companheiros dos genitores. É este outro desafio a ser enfrentado, já que em diferentes momentos a convivência será inevitável podendo resultar na constituição de laços afetivos que, por sinal, não se pretende evitar que surja, muito pelo contrário, tal possibilidade de ampliação da família é, ao ver das mais abalizadas opiniões, um ganho para o filho, conquanto possa haver harmonia.

Veja-se que em 17.04.2009 o artigo 57 da Lei 6.015 de 1973 (Lei de Registros Públicos) ganhou um §8.º (Lei reformadora 11.924) para permitir que o enteado ou a enteada possa averbar no seu registro de nascimento o nome de família de seu padrasto ou de sua madrasta, desde que haja expressa concordância destes e sem prejuízo de seus apelidos de família.

Chegam aos Tribunais pedidos de "adoção unilateral" em que um dos cônjuges adota o filho do outro, quando o pai biológico, por exemplo, é falecido ou não exerce a paternidade responsável tendo sido destituído do Poder

Familiar ou não. Mas onde essa modalidade de multiparentalidade mais aflora é no Direito Previdenciário, pois que muitas vezes tanto o pai biológico quanto o padrastro exercem e querem exercer os deveres da paternidade, auferindo os benefícios previdenciários e securitários que possa haver.

Não vamos nos deter nas vertentes que essa situação suscita, como por exemplo, a dificuldade de fazer constar do Assento de Nascimento esse duplo *status* do filho (dois pais, um biológico e outro afetivo), bem como a sujeição do filho ao duplo poder familiar com reflexos na representação ou assistência quando se trata de pessoa absoluta ou relativamente incapaz.

Nossa atenção se volta agora para a segunda dimensão da multiparentalidade, que é aquela situação de pessoas que em algum momento da vida descobrem que aquele que consta em seu Assento de Nascimento como pai não é seu ascendente genético. Essa descoberta põe a prova o potencial institutivo de filiação da sócio-afetividade e a confronta com o direito da personalidade consistente em descobrir a verdadeira ascendência genética, qualquer que seja o móvel que impulsiona o investigante.

O assunto tem sido enfrentado pelos tribunais brasileiros e será objeto do próximo tópico onde se poderá constatar que:

Há julgados admitindo a alteração do Assento de Nascimento para, afastando a paternidade sócio-afetiva constituída, fazer constar o nome do pai biológico no registro, produzindo todos os efeitos daí derivados;

Há julgados admitindo a investigação da ascendência genética que, sendo definida, será averbada no Assento de Nascimento, porém, sem atribuição de quaisquer efeitos civis da descoberta biológica, notadamente, efeitos sucessórios.

Há julgados admitindo a investigação da ascendência genética, porém, sem que a sentença declaratória provoque alteração do Assento de Nascimento, e sem atribuição de quaisquer efeitos civis da descoberta biológica, notadamente, efeitos sucessórios.

3.1. *Multiparentalidade – direito da personalidade sem vínculo de filiação*

No julgamento da Apelação Cível n.° 70031164676[35] o TJRS reconheceu a paternidade biológica, determinou a averbação no Registro de Nascimento, porém, negou a concessão de alteração de nome e de direitos hereditários decorrentes do reconhecimento. Ocorreu que o pleiteante (autor), somente após 40 (quarenta) anos de seu nascimento soube do seu vínculo biológico com pessoa diferente daquela que constava de seu registro civil. Sabia, entretanto, que aquele que o registrara como filho não era seu pai biológico, fato que nunca lhe fora ocultado.

A peculiaridade deste caso reside no fato de que todos os envolvidos, pai registral, filho e pai biológico concordavam com a desconstituição da filiação para que produzisse todos os efeitos, inclusive sucessórios. O Tribunal, entretanto, entendeu que havia se desenvolvido laços de sócio-

---

[35] Disponível no sítio:www.stjrs.jus.com.br (consultar pelo n.° do acórdão indicado no texto)

afetividade entre pai registral e filho, sendo tal fato impeditivo de atribuição de efeitos à paternidade biológica reconhecida.

Em outro caso, agora tratando-se de pessoa menor de idade, no julgamento da Apelação Cível n.º 70029363918, o Tribunal de Justiça do Rio Grande do Sul declarou a paternidade biológica, porém, mantendo no Assento de Nascimento o pai "sócio-afetivo" que a havia registrado mesmo sabendo não ser sua filha.

A peculiaridade nesse caso reside no fato de que o Tribunal fez constar do acórdão que a demandante (a filha), ao atingir a maioridade, querendo, poderia buscar a alteração do seu registro com o objetivo de nele fazer constar o nome de seu pai biológico.

O problema é que, o mesmo Tribunal, em diversos casos, nega a alteração do Assento de Nascimento e a desconstituição da filiação sócioafetiva em detrimento da filiação biológica, e esta é uma tendência de outros Tribunais inclusive o Superior Tribunal de Justiça. Em sendo assim, tudo indica que a filha, no futuro, terá a sócio-afetividade ainda mais sedimentada com o pai registral, sendo pouca ou nenhuma a sua chance de ver alterada sua filiação (se for o caso).

Subsume-se que também aqui, se o caso envolve pessoa ainda menor, entende-se que seu interesse estará protegido se for mantida a paternidade *falsa*, ainda que ausente alguma convivência que pudesse gerar afetividade. Subsume-se também que ante a presença de sócio-afetividade (no caso, longa convivência), a verdade biológica é preterida assim como é preterida a manifestação de vontade dos envolvidos, desprovidos que ficam de qualquer autonomia na definição de seu *status* civil.

3.2. *Multiparentalidade – direito da personalidade com vínculo de filiação*

A falta de significação jurídica objetiva da sócio-afetidade gera, por outro lado, situações de multiparentalidade com duplicidade de vínculos de filiação, é dizer, o reconhecimento da existência concomitante de duas paternidades – socioafetiva e biológica – é capaz de também gerar duplo efeito.

Assim, ao julgar a Apelação Cível n.° 70018765628[36] o Tribunal de Justiça do Rio Grande do Sul reconheceu o vínculo biológico com os efeitos daí decorrentes em favor de uma pessoa que já havia participado da sucessão do pai registral.

Ocorreu que o companheiro da mãe havia registrado o pleiteante como filho, mesmo ciente de não ser seu pai biológico. O filho tinha ciência do fato, assim como todas as demais pessoas do circulo social em que vivia a família. Não se desenvolveu convivência com o pai registral, entretanto, falecendo este, o filho foi chamado a sua sucessão na qualidade de herdeiro. Inobstante isso, sempre se preocupou por não constar de seu Registro de Nascimento o nome de seu pai biológico, razão pela qual ajuizou ação de Investigação de Paternidade em face de outro que, pelo exame de, se confirmou como pai biológico.

Entendeu a relatora do acórdão que "*se o pai registral não passou de um pai no papel, se não surgiu entre ambos um vínculo de afetividade, se não se está na presença de um filiação socioafetiva,*

---

[36] Disponível no sítio: www.tjrs.jus.com.br (consultar pelo n.° do acórdão indicado no texto)

imperativo será desconstituir o vínculo registral, fazer reconhecer a verdade biológica e proceder à alteração do registro, dispondo o filho de todos os direitos que o vínculo da parentalidade lhe concede".

Dois fatos influíram nessa decisão: o primeiro foi a ausência de convivência e, portanto, de sócio-afetividade com o pai registral, e a segunda, o fato do filho haver renunciado à herança do pai registral em favor de sua mãe, emprestando um caráter de moralidade à pretensão desse filho ao pretender investigar sua paternidade biológica. Mais uma vez a ausência de interesses financeiros influiu na valoração da sócio-afetividade.

Por fim, um julgado de grande interesse nessa temática foi a Apelação Cível 70022853089[37] do Tribunal de Justiça do Rio Grande do Sul. Trata-se de uma pessoa que, aos 60 (sessenta) anos de idade, foi surpreendida com a informação de que, aquele que durante toda a vida conheceu como sendo seu pai e com quem ainda convivia e matinha forte relacionamento afetivo, na verdade não era seu pai biológico.

Feita a descoberta, esse filho (que a essa altura já era avô), foi a procura do pai biológico que não só o recebeu com afeto como o introduziu em sua família e, juntamente com ele e o pai registral pleiteram a retificação do Assento de Nascimento. Durante o trâmite do procedimento, faleceram ambos os pais (o registral e o biológico), mas o Tribunal de Justiça do Rio Grande do Sul acatou a pretensão dessa "família" determinando a retificação do registro. Fez, contudo, uma ressalva: a de que o filho não herdaria do

---

[37] Disponível no sítio: www.tjrs.jus.com.br (consultar pelo n.º do acórdão indicado no texto)

pai registral, herdando somente do pai biológico (que passaria a figurar como pai registral), ficando a ementa do acórdão assim redigida:

> APELAÇÃO CÍVEL. INVESTIGAÇÃO DE PATERNIDADE. EXISTÊNCIA DE PAI REGISTRAL. PATERNIDADE BIOLÓGICA RECONHECIDA. EFEITOS. Se o pai registral/socioafetivo não se insurgiu contra a pretensão do autor de reconhecer sua paternidade biológica, e o pai biológico aceitou o autor como seu filho, submetendo-se ao exame do DNA e também não contestando a pretensão, a procedência da **ação de investigação de paternidade deve produzir todos os seus efeitos, sem a limitação imposta na sentença que proibiu a retificação do registro de nascimento do autor, mormente considerando-se que inclusive os herdeiros/filhos do pai registral e do pai biológico (ambos falecidos no curso da ação) também concordaram com a pretensão do autor, não opondo qualquer resistência ao reconhecimento da paternidade.**

Nesse último julgado teve grande influência a nova relação familiar que se estabelecera, e isso em uma situação tão peculiar, pois chegados todos os envolvidos à maturidade da vida, passando de providos a provedores financeira e emocionalmente de suas famílias. Mesmo assim, limitou-se expressamente a repercussão financeira do reconhecimento da filiação.

4. Afetividade e Sócio-afetividade (a guisa de conclusão)

A problemática que ora se coloca diz respeito aos referenciais teórico-jurídicos que estão subjacentes às decisões legislativas e judiciais sobre as questões familiares que surgiram com a nova ordem ética e moral de constituição da "família".

Num passado não muito distante, tanto na sociedade brasileira quanto na portuguesa, o conjunto das normas de direito de família destinavam-se a fixar e manter padrões de conduta construídos no sincretismo das reflexões morais e religiosas que tornavam a "família", constituída unicamente pelo casamento, o reduto lícito das relações interpessoais em face da sexualidade.

Rendido aos novos paradigmas da modernidade, o direito de família se vê preso numa trama de "direitos humanos fundamentais" que coloca a liberdade em confronto com a paternidade responsável, pois se antes se dava uma resposta unicamente moral à condição jurídica dos filhos (moral que se conformava com a marginalização da prole nascida fora do casamento), hoje uma resposta unicamente moral deve considerar a liberação dos costumes e os reflexos que daí resultou, situação que se apresenta insurgente a qualquer controle repressor.

Fato é que, no passado como no presente, o arcabouço jurídico da família tem como pressuposto a organização racional do real (POPPER, 1994:70). Basta atentarmos para a impossibilidade de encontrar um padrão testificável para a sócio-afetividade como critério instituidor de relação paterno-filial para constatar a tentativa insana de homologação da realidade: liberação dos costumes-prole-responsabilidade.

Nem mesmo se consegue divisar nitidamente o ponto de passagem do padrão de *"filhos ilegítimos"* para *"igualdade de todos os filhos"*, já que os juristas sustentam a sócio-afetividade num repentino despertar para a dignidade da pessoa humana que fez com que os *interesses da criança* superassem, no texto da lei, a conduta moral dos progenitores. Se já as Constituições anteriores continham extenso rol de direitos fundamentais, dentre os quais a liberdade e a igualdade, a mudança do padrão valorativo só pode estar assentada na realidade como suposta fonte legítima de normas de conduta.

Entretanto, dar tessitura jurídica à realidade sem definição prévia dos pressupostos teóricos que informam a decisão num espaço processualizado (debate participado) é pernicioso para o Estado de Direito Democrático, e é nesse viés *"incontestável"* que se esconde o mito do contexto de que fala Popper, recôndito perfeito para os discursos de dominação que ocultam as verdadeiras razões pelas quais se nega efeitos jurídicos (notadamente sucessórios) aqui e se concede ali.

Essa "sócio-afetividade" de que se apropria o direito nem mesmo retira um conceito das ciências que estudam os objetos que a compõem (convivência social e afeto), insistindo-se na tentativa de aferi-la das "realidades" enfrentadas pelos Tribunais, tornando as relações interpessoais familiares um enorme laboratório humano.

Adota-se, sem critérios teóricos, a tese dos conceitos jurídicos determinados pela função (LARENZ: 1997)[38] para erguer a "sócio-afetividade" como bandeira da relação paterno-filial apta a socorrer os *"melhores interesses da criança"*, *"o direito de conhecer a ascendência genética"*, *"coibir interesses patrimoniais imorais"* dentre os demais desates que foram apontados nos julgados transcritos.

Não se duvida da importância da superação das idéias hipócritamente moralizadoras (ou *imbecilitas,* na versão de António Manoel Hespanha) que regiam as sociedades ocidentais do século passado, quando a indignidade do adultério e do incesto era tributada aos filhos, isentando seus autores da responsabilidade para com a prole. Mas não concordamos, por outro lado, em determinar as possibilidades de existência digna de uma pessoa em relação aos seus progenitores guiados pela incerteza das decisões casuísticas.

Da combinação dos diversos princípios que hoje informam as Constituições dos diversos países, notadamente no contexto que ora se critica, a Constituição Brasileira de 1988 que instituiu o Estado de Direito Democrático, nenhum padrão de licitude pode ser definido sem respeito ao Devido Processo Legal.

---

[38] Para Karl Larenz a ciência do direito privado trabalha com conceitos que visam dar respostas legais a problemas concretos que ficariam insolúveis (desprovidos de conteúdo) se dependessem unicamente das normas abstractas, e exemplifica: *"O conceito de «direito de personalidade» não foi obtido na Jurisprudência recente prescindindo das distinções de diferentes direitos de personalidade e tendo fixado o que é comum a todos, mas através da elaboração do específico conteúdo de sentido de um tal direito e da sua função ao serviço de valores humanos"*.

Com isso, qualquer abordagem acerca do tema da sócio-afetividade deve ser precedido do esclarecimento sobre seu conteúdo e estruturação face a todos os demais direitos concernentes à filiação. Recebemos das gerações passadas o legado da filiação ilegítima que se amparava por uma moral imposta sem debate e o rejeitamos, é nossa obrigação deixar melhor património intelectual para as próximas.

REFERÊNCIAS

ALMEIDA, Susana. O Respeito pela Visa (Privada e) Familiar na Jurisprudência do Tribunal Europeu dos Direitos do Homem: A Tutela das Novas Formas de Família. Coimbra: Coimbra Editora, 2008.

ARAÚJO, Emanuel. A Arte da Sedução: sexualidade feminina na colónia. In DEL PRIORE, Mary (org). História das Mulheres no Brasil. São Paulo: Contexto, 2008, p. 45-77.

BASTOS, Aurélio Wander. O Ensino Jurídico no Brasil. 2ª Edição. Rio de Janeiro: Ed. Lumen Juris, 2000.

BRASIL. Constituição Federal de 1988. 44ª ed. São Paulo: Col. Saraiva de Legislação, 2010.

BRASIL. Código Civil e Constituição Federal. Mini. 16ª ed. São Paulo: Saraiva, 2010.

BRASIL. Leis, decretos, etc. Código Civil dos Estados Unidos do Brasil, comentado por Clóvis Bevilaqua. Edição histórica. Rio de Janeiro, Ed. Rio, 1976.

BRASIL. Diretoria Geral de Estatística. Recenseamento da população do Império do Brazil a que se procedeu no dia 1.º de agosto de 1872. 21v. In 22. Rio de Janeiro, Typ. Leuzinger, 1873-76. XXI (Quadros Gerais) apud HAHNER, June E. A Mulher Brasileira e Suas Lutas Sociais e Políticas: 1850-1937. São Paulo: Editora Brasiliense, 1981, p. 32

CENEVIVA, Walter. Lei dos Registros Públicos Comentada. 15ª edição. São Paulo: Saraiva, 2002.

CRISTIANI, Claudio Valentim. O Direito no Brasil Colonial. In: WOLKMER, António Carlos (org.), Fundamentos de História do Direito. Belo Horizonte: Del Rey, 2005.

DEL PRIORE, Mary. A mulher na história do Brasil: raízes históricas do machismo brasileiro, a mulher no imaginário social," lugar de mulher é na história". São Paulo: Contexto, 1989.

DEL PRIORE, Mary. Ao sul do corpo: condição feminina, maternidades e mentalidades no Brasil Colônia. Rio de Janeiro: José Olympo, 1993.

DEL PRIORE, Mary. Magia e Medicina na Colônia: O Corpo Feminino. In DEL PRIORE, Mary (org). História das Mulheres no Brasil. São Paulo: Contexto, 2008, p. 81-114.

DIAS, Maria Berenice. Manual de Direito das famílias. 6ª edição revista, atualizada e ampliada. São Paulo: Editora Revista dos Tribunais, 2010.

HESPANHA, António Manuel. Imbecititas. As bem-aventuranças da inferioridade nas sociedades de Antigo Regime. São Paulo: Annablume, 2010.

GALEANO, Edoardo. As Veias Abertas da América Latina. tradução de Galeano de Freitas, Rio de Janeiro, Paz e Terra, (estudos latino-americano, v.12). Do original em espanhol: Las venas abiertas da America Latina. s/d.

GOMES, Orlando. Raízes Históricas e Sociológicas do Código Civil Brasileiro. São Paulo: Martins Fontes, 2003.

GOMES, Orlando. Direito de Família. Rio de Janeiro: Forense, 1999.

GOUVEIA, Jorge Bacelar. Manual de Direito Constitucional: introdução, parte geral, parte especial. 2v. Coimbra: Edições Almedina, 2009.

JUSTO, Antonio dos Santos. O Direito Brasileiro: Raízes Históricas. In Revista Brasileira de Direito Comparado. N.º 20, p. 131-158. Rio de Janeiro: 2002.

LARENZ, Karl. Metodologia da Ciência do Direito. 3ª ed. Lisboa: Fundação Calouste Goulbenkian, 1997.

LOBO, Paulo Luiz Neto. Direito Civil. Famílias. São Paulo: Saraiva, 2008.

MADALENO, Rolf. Curso de Direito de Família. 3ª edição. Rio de Janeiro: Forense, 2009.

MONTEIRO, Washington de Barros. Curso de Direito Civil. Direito de Família. 7ª edição. São Paulo: Saraiva, 1966.
Ordenações Filipinas. vols. 1 a 5. Rio de Janeiro: Edição de Cândido Mendes de Almeida, 1870.
PEREIRA, Caio Mario da Silva. Instituições de Direito Civil. Volume V. Direito de Familia. Rio de Janeiro: Forense, 1987.
PEREIRA, Caio Mario da Silva. Instituições de Direito Civil. Volume V. Direito de Familia. Rio de Janeiro: Forense, 2009.
PORTUGAL. Leis, decretos, etc. Código Civil – 12ª Ed. (Códigos de Bolso). Coimbra, Edições Almedina, 2009.
PORTUGAL. Código Civil Portuguêz. 2ª edição Oficial. Lisboa: Imprensa Nacional, 1868.
SABADELL, Ana Lúcia. Problemas metodológicos na historia do controle social: o exemplo da tortura. Revista Brasileira de Ciências Criminais, São Paulo, v.10, n.39, p.265-288, jul./set., 2002.
SCHARCZ, Lilia Moritz. O Espetáculo das Raças. Cientistas, Instituições e Questão Racional no Brasil 1870-1930. São Paulo: Cia. Das Letras, 1993.
TAVARES, Fernando Horta. O Direito da União Européia: autonomia e princípios. in TAVARES, Fernando Horta (Coord.) Constituição, Direito e Processo. Princípios Constitucionais do Processo. Curitiba: Juruá, 2007, pgs. 111-118.
TAVARES, Fernando Horta. Tempo e Processo. In Urgências de Tutela. Processo Cautelar e Tutela Antecipada. Reflexões sobre a efetividade do Processo no Estado Democrático do Direito. Curitiba: Juruá, 2007, pgs. 111-118.
WARRAT, Luiz Alberto. Introdução Geral ao Direito II. Epistemologia Jurídica da Modernidade. Porto Alegre: Sérgio Antonio Fabris Editor, 1995 (reimpressão 2002).
WIEAKER, Franz. História do Direito Privado Moderno. 2ª edição Revista. Lisboa: Fundação Calouste Gulbenkian, 1967.
WOLKMER, Antônio Carlos. História do Direito no Brasil. 3ª edição Revista e Atualizada. Rio de Janeiro: Forense, 2003.